사회 시간에
그리스로마신화
읽기

**사회 시간에
그리스로마신화 읽기**

: 신화의 숲에서 진짜 사회를 만나다

초판 1쇄 펴냄 2022년 10월 21일
　　3쇄 펴냄 2024년 5월 10일

지은이 김민철

펴낸이 고영은 박미숙
펴낸곳 뜨인돌출판(주) | 출판등록 1994.10.11.(제406-251002011000185호)
주소 10881 경기도 파주시 회동길 337-9
홈페이지 www.ddstone.com | 블로그 blog.naver.com/ddstone1994
페이스북 www.facebook.com/ddstone1994 | 인스타그램 @ddstone_books
대표전화 02-337-5252 | 팩스 031-947-5868

© 2022 김민철

ISBN 978-89-5807-928-6 03300

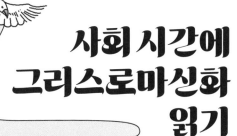

사회 시간에 그리스로마신화 읽기

김민철 지음

신화의 숲에서
진짜 사회를 만나다

뜨인돌

목차

1교시

신화를 보는 새로운 시선

2교시

법과 정치의 관점에서 본 신화

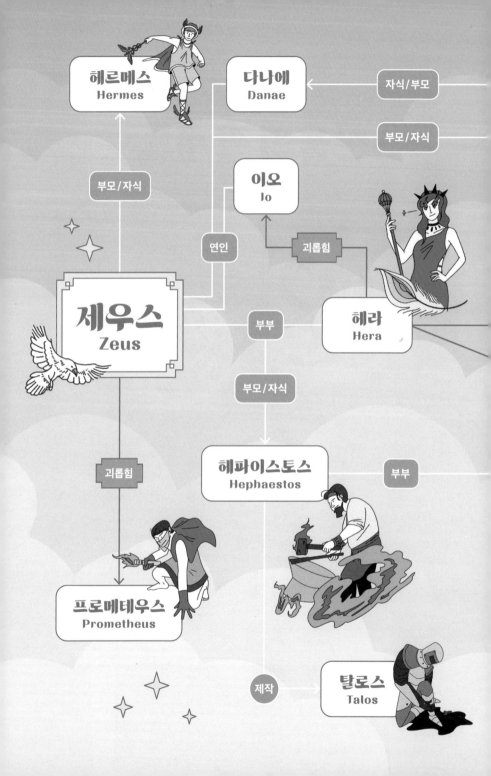

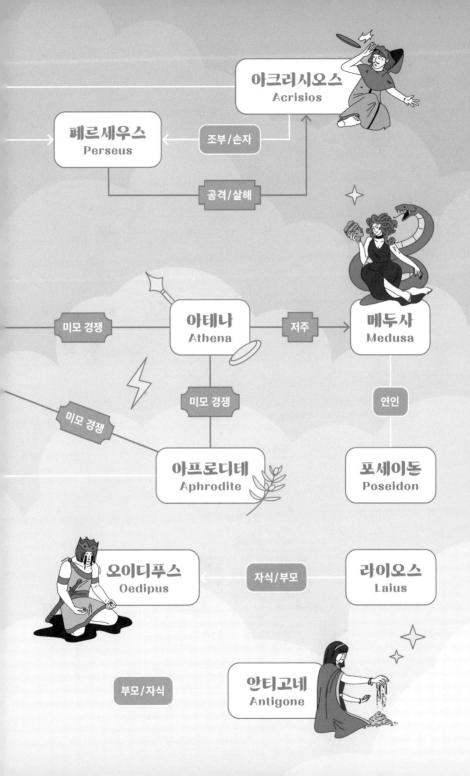

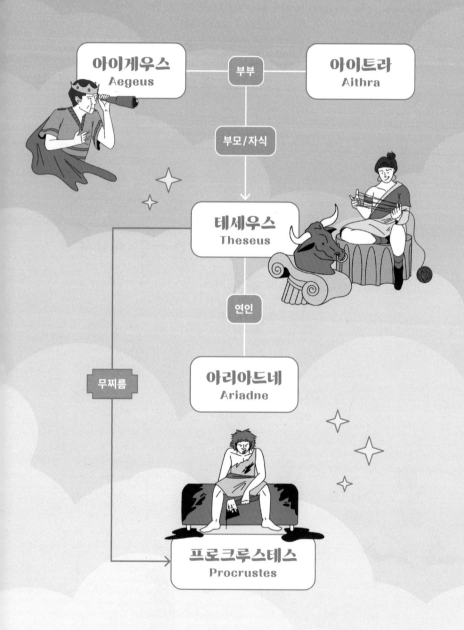

거꾸로 보기를 권함

사람들이 많이 찾는 맛집에는 이유가 있습니다. 그 맛집이 오랜 시간 꾸준히 사랑을 받았다면 그 맛집에는 특별한 비법이 있게 마련입니다. 음식 맛이 뛰어난 건 기본이고, 대체 불가능한 시그니처 메뉴가 있거나 서비스 정신이 투철할 가능성이 높지요.

고전은 오랫동안 사랑받는 맛집과 비슷합니다. 고전에도 사람을 끌어들이는 어떤 힘이 있죠. 고전 중의 고전으로 꼽히는 그리스로마신화도 마찬가지입니다.

그리스로마신화는 예술에 지대한 영향을 미쳤습니다. 미술 작품 중에는 산드로 보티첼리(Sandro Botticelli)의 '비너스의 탄생'이 대표적입니다. 드라마나 영화도 마찬가지입니다. 갓난아기 때 버려졌다가 온갖 역경을 극복하고 영웅이 된 페르세우스의 모습은 다양한 영화 속 주인공의 모습과 닮아 있습니다. 마블 영화 〈이터널스〉 속 주인공들은 그리스로마신화에서 따온 인물들이죠.

학문의 영역에서도 그리스로마신화의 흔적을 쉽게 찾을 수 있습니다. 예를 들어, 교육학이나 심리학에서 자주 사용하는 용어 중에 '피그말리온 효과'라는 게 있습니다. 타인의 기대나 관심을 받을 때 능률이 오르거나 결과가 좋아지는 현상을 말하는데요. 그리스로마신화에 등장하는 피그말리온이라는 조각가의 이야기를 모른다면 이 용어의 의미를 제대로 이해하기 어렵습니다.

이렇게 그리스로마신화가 오랜 시간 동안 인류에게 큰 영향을 미치고 있는 이유는 무엇일까요? 여러 해석이 있겠지만, 저는 '이야기의 힘' 때문일 거라고 생각합니다. 그리스로마신화는 그 자체로 재미있는 이야기이고, 인류는 오래전부터 흥미로운 이야기를 좋아했습니다.

신화라는 이름에서 알 수 있듯이, 그리스로마신화는 기본적으로 신들의 이야기입니다. 그런데 그리스로마신화의 신들은 여느 종교의 신과 다릅니다. 우리가 생각하는 보통의 신은 절대적이고 전능하며 성스러운 존재이지만, 그리스로마신화의 신들은 보통의 사람과 다를 바 없습니다. 사소한 일에 화를 내고, 질투도 잘 느끼고, 쉽게 사랑에 빠지며, 실연에 아파하는 그들은 영생한다는 것 말고는 인간과 차이점이 거의 없습니다.

때로는 인간보다 더 인간적인 모습을 보이기도 합니다. 그리스로마신화에 등장하는 이들의 모습과 오늘날을 살아가는 우리의 모습이 크게 다르지 않은 것이죠.

그리스로마신화를 읽다 보니, "신화라는 거울을 통해 지금 우리 사회를 비춰 보면 어떨까?"라는 생각이 들었습니다. 그 생각이 이 책을 쓰는 단초가 되었습니다.

신화는 하나의 상징이기에 다양한 해석이 가능합니다. 그리고 신화의 스토리도 시대에 따라 달라지기도 하고, 다양한 서사가 덧붙여지기도 합니다. 이 책을 쓰면서 특별히 중점을 둔 부분은 신화에 대한 일반적인 해석에서 벗어나 신화를 새로운 시각으로 보는 것입니다. 이를테면, 나르키소스를 단순히 잘생긴 잘난 척의 제왕으로 보는 시각에서 탈피해, 나르키소스의 입장과 사회적인 측면에서 상황을 재해석해 우리가 잘 보지 못했던 이면을 비춰 보려고 했습니다.

제 해석이 전적으로 옳다고 주장하는 건 아닙니다. 그리고 이 책을 쓴 제 목표는 신화에 대한 올바른 해석이나 정답을 제시하는 것도 아닙니다. 애초에 신화의 해석에 정답이란 게 있을 수 없습니다. 단지 신화를 매개로 하여 사회 현상이나 문제들에 다양한 질문을 던지고 생각할 거리를 공유하고 싶었습니다. 다양한 자세로 운동해야 몸의 근육을 골고루 키울 수 있듯이 여러 가지 방식으로 생각해 보아야 생각의 근육을 키울 수 있는 법입니다. 이 책을 통해 그리스로마신화를 거꾸로 보고, 뒤집어 보면서 생각의 넓이와 높이와 깊이를 넓혀 보는 시간을 가졌으면 좋겠습니다. 균형 잡힌 시각이 올바른 가치관을 형성하고, 올바른 가치관을 지닌 사람이 많아질수록 세상은 좀 더 살 만한 곳이 될 것이라 믿습니다.

한 권의 책을 세상에 내놓을 수 있는 소중한 기회를 주신 뜨인돌출판사에 감사를 전합니다. 또한 늘 변함없는 지지와 사랑을 보내 주는 가족과 지인들에게도 머리 숙여 감사의 인사를 드립니다. 따뜻한 말, 애정 어린 눈빛, 다정한 몸짓, 정성을 다한 음식 덕분에 무사히 이 책을 마무리 지을 수 있었습니다.

김민철

1교시

신화를 보는
새로운 시선

Narcissos
나르키소스

자신을 빼고 그 누구도 사랑할 수 없는
저주를 받았던 비극적인 얼굴 천재.

나르키소스는
죽을죄를 지은 걸까?

나르키소스는 그리스로마신화의 대표 미소년이야. 강의 신 케피소스와 님프 리리오페 사이에서 태어났지. '나르시스'라고 많이 알려져 있는데, 나르시스는 나르키소스를 프랑스식으로 표기한 거야.

나르키소스 주위에는 그를 흠모하는 사람들이 가득했는데, 나르키소스는 그 누구의 사랑도 받아주지 않았어. 숲의 요정인 에코(Echo)도 나르키소스의 열렬한 팬이었지.

에코는 나르키소스에게 사랑을 고백하고 싶었지만 그럴 수 없었어. 에코에게는 치명적인 약점이 있었거든. 에코는 제우스가 바람피우는 현장을 잡으려는 헤라를 방해했는데, 그 일로 화가 난 헤라는 에코의 입을 막아 버렸어. 그 후로 에코는 먼저 말을 걸 수는 없고 누군가의 마지막 말만 따라 할 수 있었지. 그래서 메아리나 소리의 울림을 나타내는 영어 단어가

'echo'가 된 거야.

늘 멀리서 나르키소스를 바라보기만 하던 에코에게 드디어 기회가 왔어. 나르키소스가 숲속에 혼자 있는 걸 발견한 거지. 가슴이 떨려서 안절부절못하던 에코가 움직이자 부스럭거리는 소리가 났고 나르키소스가 소리쳤어.

"거기 누구야!"

에코는 이때다 싶어서 입을 열었어. 하지만 에코는 헤라의 저주 때문에 "누구야!"라고 나르키소스의 말을 따라 할 수밖에 없었지.

에코는 마음을 표현할 길이 없어서 너무 답답했어. 그러다 참지 못하고 달려나가 나르키소스를 힘껏 껴안았지. 화들짝 놀란 나르키소스는 에코의 팔을 뿌리치며 말했어.

"지금 뭐 하는 짓이야!"

잔뜩 얼어 버린 에코를 향해 나르키소스가 차갑게 한마디를 더 던져.

"너한테 안길 바에는 차라리 죽는 게 나아."

에코는 너무나 큰 충격을 받았어. 열렬하게 사랑하는 사람이 던진 싸늘한 말은 에코에게 비수로 와서 꽂혔지. 이 일로 시름시름 앓던 에코는 점점 야위어 가다 마침내 몸의 형체마저 사라져. 이 사실을 알게 된 복수의 여신 네메시스(Nemesis)는 나르키소스에게 저주를 내리지.

나르키소스는 저주에 걸린 줄도 모른 채 평소처럼 사냥을 나갔어. 목이 말라 물을 마시려고 샘에 몸을 기울이던 나르키소스는 너무나 멋진 이를 발견해. 그리고 곧 그 사람과 사랑에 빠지지. 그 누구의 마음도 받아주지 않던 나르키소스가 사랑에 빠진 대상은 누구였을까? 그건 바로 샘물에 비친 나르키소스 자신이었어. 네메시스의 저주는 바로 자기 자신만을 사랑하게 되는 거였던 거야.

나르키소스는 샘물 속의 존재를 애타게 갈망했어. 샘물에 입을 맞추고 손을 뻗어 보지만 그럴 때마다 그 사람은 사라져 버렸지. 아무리 천하의 나르키소스라 하더라도 샘물 속의 자신과는 진짜 사랑을 할 수가 없었어. 하루하루 고통 속에서 신음하던 나르키소스는 결국 물에 빠져 죽음을 맞이해. 나르키소스가 죽은 자리엔 노란색 작은 꽃이 피어났는데, 그 꽃이 바로 수선화야.

심리학 용어 중에 나르시시즘(Narcissism)이라는 말이 있어. 나르키소스에서 유래한 이 말은 자신을 지나치게 사랑하고 집착하는 일을 뜻해. 요즘 흔히 하는 말로 바꾸면 '자뻑'이지. 나르키소스는 많은 이들에게 이런 식으로 비난을 받아.

'신화 속 나르키소스는 본인이 세상에서 제일 잘났다고 생각하는 잘난 척 대장이자 외모지상주의에 빠진 사람이야. 콧대는 또

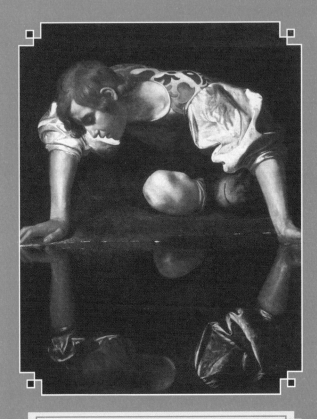

자신만을 사랑하는 저주에 걸린 나르키소스.
샘에 비친 자신의 모습을 홀린 듯 쳐다보고 있다.

얼마나 높은지 단 한 사람의 마음도 받아주지 않았어. 거기다 성격도 엄청 까칠해서 사랑한다고 고백하는 이들에게 쏘아붙이고 면박을 주기 일쑤였지. 대표적인 피해자가 바로 에코이고. 그러다 결국 자기 자신을 사랑하는 저주에 빠지고 말았지. 자기애가 지나치면 이런 무서운 결과를 낳는 법이야.'

그런데 이런 생각들이 모두 맞을까? 나르키소스 입장에서는 억울한 면이 있지 않을까?

자존감(自尊感)이라는 말 들어 봤을 거야. 자존감은 스스로 품위를 지키고 자기를 존중하는 마음을 의미해. 달리 말해 자존감은 '자신을 어떻게 평가하는가'와 직결돼. 자존감이 높은 사람들은 자신이 쓸모 있는 사람이라고 느끼고 적극적이고 활기차게 생활해. 하지만 자신의 가치를 낮게 평가하는 사람, 즉 자존감이 낮은 사람은 부정적인 생각에 사로잡히거나 쉽게 위축되는 경향이 있어.

자존감은 평소에도 중요하지만, 어떤 문제가 생겼을 때 큰 힘을 발휘해. 누구나 살다 보면 시련을 겪고 실패를 경험하지. 다들 중요한 시험에서 실수한 적 있을 거야. 자존감이 높은 사람은 '이번에는 결과가 좋지 않았지만 다음에는 괜찮을 거야'라고 생각하며 금방 툴툴 털고 일어나지만, 자존감이 낮은 사람은 '난 뭘 해도 안 돼'라며 깊은 절망에 빠지곤 하지.

　　나르키소스는 자존감이 높은 사람이었어. 스스로를 상당
히 괜찮은 사람이라고 생각했고 자신을 꽤 마음에 들어 했거
든. 나르키소스의 자존감이 높았던 비결은 아마도 빼어난 미모
일 거야. 많은 사람이 이 대목에서 나르키소스를 외모지상주의
자라며 매도해. 나르키소스가 노력해서 얻은 건 아니지만, 그
렇다고 얼굴 천재로 태어난 게 나르키소스의 잘못은 아니잖아.
부러워할 수는 있지만 욕을 해서는 안 된다고 봐.

　　나르키소스의 콧대가 높았던 건 사실이지만 그런 이유로
나르키소스를 비난하기에는 무리가 있어. 나르키소스에게는
자신이 좋아하는 사람과 연애를 할 수 있는 자유가 있잖아. 나
르키소스도 나름의 이상형이 있었을 거야. 그리고 고백을 한다
고 그 마음을 모두 받아줘야 하는 건 아니잖아. 나르키소스를
사랑하던 사람들에게 '고백할 권리'가 있듯이, 나르키소스에게
는 '고백을 거절할 권리'가 있어.

　　나르키소스가 에코에게 여과 없이 말한 건 아쉬운 대목이
야. '아 다르고 어 다르다'는 말이 있듯이 같은 내용이라도 어떻
게 말하느냐에 따라 그 말을 듣는 사람의 감정이 달라져. 나르
키소스가 '미안하지만, 너는 내 이상형이 아니야'라고 정중하
게 거절했다면 좋았겠지만, 나르키소스에게도 나름의 사정이
있었어.

　　에코는 오랫동안 나르키소스를 지켜봐 왔지만 나르키소

스는 에코를 전혀 알지 못했어. 에코가 저주에 걸려 말을 제대로 못 한 건 안타까운 일이지만, 나르키소스는 그 사정을 몰랐으니 에코가 마지막 말만 따라 하는 게 이상하게 느껴졌을 거야. 놀리는 거라고 생각했을 수도 있고. 에코가 조금 더 신중하게 나르키소스에게 다가갔다면 상황이 좀 달라지지 않았을까?

그런데 에코는 애타는 마음을 이기지 못하고 숲에서 뛰쳐나왔어. 그리고 다짜고짜 나르키소스를 껴안는 돌발행동을 하지. 갑작스러운 에코의 행동에 나르키소스는 얼마나 놀랐을까. 나르키소스가 심한 말을 한 건 에코에게 굴욕감을 주려는 면박이었다기보다는 당황한 나머지 말실수를 한 건 아닐까?

현대 사회에도 나르키소스와 비슷한 사람들이 있어. 바로 연예인이야. 나르키소스가 그랬던 것처럼 연예인들도 뭇사람들의 관심과 애정을 한 몸에 받아. 관심과 사랑을 받는다는 건 행복한 일이야. 하지만 관심과 사랑도 일정한 선을 넘으면 오히려 독이 되곤 해.

이런 이야기 많이 들어 봤을 거야. 팬이라고 하면서 틈만 나면 전화를 하거나 문자메시지를 보내서 만나자고 해. 싫다고 거절해도 막무가내야. 전화번호를 바꿔도 바뀐 전화번호를 알아내서 계속 연락해. 공연장이나 촬영장은 기본이고 어디를 가도 항상 따라다녀. 가족들과 식당에서 함께 밥을 먹고 있는데 옆자리를 보면 그 팬이 빤히 쳐다보고 있는 거야. 심지어는 집안으로 몰래 들어가서 침대에 누워 있기도 해. 생각만 해도 소름 끼치고 등골이 오싹해지지.

상대방의 의사와 상관없이 지속적으로 쫓아다니거나 연락을 하면서 집요하게 정신적·신체적으로 괴롭히는 행위를 스토킹(stalking)이라고 해. 뉴스뿐만 아니라 도덕 교과서에까지 등장하는 단어이기도 하지. 실제로 스토킹 피해를 당한 연예인들은 그 고통이 어마어마하다고 토로해. 그리고 스토킹은 꼭 연예인에게만 발생하는 범죄는 아냐. 보통 사람들도 스토킹 피해를 당하는 경우가 적지 않아. 경찰청에 따르면 2022년 1~6월 경찰에 접수된 스토킹 피해 신고는 1만 4271건으로 2021년보다 4배 이상 증가했어.

스토킹의 가해자는 다양해. 전혀 모르는 사람이 스토킹을 하기도 하고, 헤어진 연인이 스토킹을 하는 일도 있지. 2022년 9월에 일어난 신당역 스토킹 살인 사건의 가해자는 동료 역무원이었어. 스토킹 가해자들은 '사랑해서 한 일'이라고 주장해. 하지만 그건 피해자의 마음을 헤아리지 않은 일방적이고 편협한 생각이야. 사람 사이의 관계는 서로 뜻이 통해야 좋은 방향으로 진전이 이뤄지는 거야. 스토킹은 사랑이라는 번지르르한 옷을 입고 있지만, 실상은 범죄인 거야.

에코도 사실상 스토킹을 한 셈이지. 많은 이들이 나르키소스를 두고 이기적이고 외모지상주의를 표방했던 존재라고 비난하지만, 나르키소스를 스토킹 피해자라고 해석해 보면 어떨까? 사랑과 본능은 원래 나쁜 개념이 아니지만 이것이 선을 넘을 때 사회는 잘못된 방향으로 흘러갈 가능성이 높아.

　스토킹은 온라인에서도 쉽게 일어나는 일이야. 지금 우리 주변에서도 이런 일들이 벌어지고 있을지 몰라. 그럴 땐 어떻게 행동해야 할까? 가해자나 피해자의 입장에서 폭넓게 생각해 보고, 적어도 방관하지 않는 태도로 자신만의 생각과 지침을 만들어 보면 좋겠어.

Psyche
프시케

사랑의 신 에로스(큐피드)의 아내이자
마음과 영혼의 여신.
psychology, psycho 등의 어원이기도 하다.

프시케를 통해
신뢰를 되짚다

　　나르키소스가 미소년 대표 주자라면, 그리스로마신화의 최고 미녀는 프시케라고 할 수 있어. 얼마나 아름다웠는지 미의 여신인 아프로디테(Aphrodite)의 질투를 살 정도였지. 아프로디테는 프시케의 미모와 인기를 시샘한 나머지, 아들 에로스(Eros)에게 프시케가 세상에서 가장 못생긴 남자와 사랑에 빠지게 만들라고 명령해.

　　어머니의 부탁을 받고 프시케를 찾아간 에로스는 깜짝 놀랐어. 프시케가 너무 아름다웠거든. 프시케에게 첫눈에 반한 에로스는 아프로디테의 명령을 어기고 그녀를 자신의 궁전으로 데리고 와.

　　밤이 되자 에로스가 프시케를 찾아왔어. 괴물에게 납치되었다고 생각한 프시케는 두려움에 떨고 있었어. 그때 에로스의 목소리가 들렸지.

"갑자기 낯선 곳에 와서 많이 놀랐죠?"

걱정과 달리 온화한 목소리였어. 에로스는 프시케를 안심시킨 뒤에 음식과 옷을 챙겨 주며 아주 다정하게 대했어. 그 덕에 프시케도 마음의 문을 열기 시작했고, 에로스에게 호감을 느꼈어. 프시케와 에로스는 연애를 하다 결혼까지 했지.

그런데 한 가지 이상한 점이 있었어. 에로스는 밤에만 찾아왔다가 아침이 되면 황급히 궁전을 떠났거든. 그것뿐만이 아니야. 에로스는 프시케에게 절대 얼굴을 보여 주지 않았어. 그리고 이렇게 경고를 했지.

"내 얼굴을 보려고 하지 마세요. 만약 내 얼굴을 보면 우리는 다시는 만나지 못하게 될 겁니다."

프시케는 궁금했지만 일단 넘기기로 했지.

그렇게 에로스와 함께 살던 중, 프시케는 가족이 너무 그리웠어. 프시케가 가족을 만나고 오겠다고 하자 에로스는 반대했지만, 프시케의 뜻이 워낙 강해서 집에 다녀오라고 허락을 했지.

프시케가 집에 돌아오자 잔치가 벌어졌어. 그동안 가족들은 프시케가 괴물에게 납치되어 목숨을 잃은 줄 알고 있었거든. 오랜만에 프시케를 만난 언니들은 동생이 어떻게 지냈는지를 물었고, 프시케는 좋은 남편을 만나 잘 지내고 있다고 했어. 남편이 어떤 사람이냐고 묻자 프시케는 얼버무렸어.

"사실 아직 남편의 얼굴을 못 봤어."

언니들은 깜짝 놀라서는 남편이 이상한 사람이나 괴물일지도 모르니 얼굴을 꼭 확인해 보라고 말해. 다시 에로스의 궁전으로 돌아온 프시케는 언니들의 조언을 따르기로 마음먹었어. 밤이 되자 에로스가 찾아왔고 이내 잠이 들었어.

프시케는 침대에서 조용히 빠져나온 뒤 침대 옆 탁자를 조심스럽게 열었어. 그곳에는 미리 준비해 둔 초가 있었지.

'혹시 괴물은 아닐까?'

프시케는 걱정스러운 마음으로 초에 불을 붙였어. 그러고는 떨리는 마음으로 촛불을 에로스의 얼굴로 향하면서 눈을 감았어. 심호흡을 한 뒤 조심스럽게 눈을 떠서 에로스의 얼굴을 확인했는데, 에로스의 얼굴을 본 프시케는 숨이 턱 막혔어.

괴물은커녕 너무나 멋진 모습이었던 거지. 하염없이 에로스를 쳐다보던 프시케는 그만 뜨거운 촛농을 에로스의 몸에 떨어뜨렸어. 깜짝 놀란 에로스가 잠에서 깼고 프시케와 눈이 마주쳤어.

"얼굴을 확인해서는 안 된다고 그렇게 신신당부했는데…"

에로스는 불같이 화를 내며 궁전을 떠났고 프시케는 궁전에 홀로 남겨졌어.

프시케 이야기에 대한 일반적인 교훈은 이거야.

'상대방을 신뢰하는 것이 중요하다!'

오랜만에 만난 가족에게 이별을 고하는 프시케.

프시케는 에로스를 쓸데없이 의심해서 불행을 자초했다는 비난을 받아. 동생을 부추겨서 의심을 키웠다는 이유로 프시케의 언니들도 같이 욕을 먹지.

이런 비판이 타당할까? 이제 프시케 이야기를 새롭게 들여다보면서 신뢰의 개념을 다시 생각해 보려고 해.

'자본'(資本)이라는 말 많이 들어 봤지? 그리스로마신화 이야기를 하다가 웬 자본이냐고? 일단 조금만 더 들어 봐. 여러분이 듣고 싶은 이야기가 곧 나올 테니까. 자본은 상품을 만드는 데 필요한 생산 수단이나 노동력을 말해. 텔레비전을 만드는 과정을 생각해 보자. 텔레비전을 만들려면 공장과 기계가 필요하고, 기계를 작동시켜서 텔레비전을 조립하는 노동자도 있어야 해. 공장과 기계처럼 눈에 보이고 만질 수 있는 자본을 물적 자본(物的 資本), 노동자가 가진 기술이나 지식을 인적 자본(人的 資本)이라고 하지.

예전에는 이 두 가지 자본을 자본의 전부라고 생각했지만, 요즘엔 자본의 범위가 더욱 넓어져서 사회적 자본(社會的 資本)이라는 개념이 생겼어. 사회적 자본은 사람들이 공동의 목표를 위해 협력하는 능력을 말해. 인간관계 같은 사회적 연결망을 통해 발생되어 사람들의 상호 작용과 협력 방식에 영향을 미치고 개인 혹은 집단에게 이익을 주는, 눈에 보이지 않는 자산이라고 할 수 있지. 그렇다면 이 사회적 자본의 뿌리를 이루는 요소는 뭘까? 바로 '신뢰'야. 사람과 사람 간에 신뢰가 있다면 사회적 자본이 풍부하고, 반대로 신뢰가 없다면 사회적 자본이 부족하다고 볼 수 있지. 신뢰는 이 사회를 움직이는 열쇠라고 할 수도 있을 것 같아.

한 연구에 따르면, 한 사회의 신뢰도가 높아지면 1인당 GDP도 증가한다고 해. GDP(Gross Domestic Product)는 국내총생산을 뜻하는데, 한 나라 안에서 생산된 재화와 서비스의 가치를 합친 걸 의미해. 1인당 GDP는 GDP를 인구 수로 나눈 것이고. 1인당 GDP가 높다는 건 국민 개인이 부유하다는 의미이니, 신뢰의 수준은 국가의 경제성장에도 긍정적 영향을 미친다고 볼 수 있어.

신뢰는 사회적으로 중요할 뿐만 아니라 개인의 인간관계에서도 중요해. 신뢰가 부족하면 서로 피곤해질 수밖에 없어. 시험공부를 하려고 도서관에 갔는데, 부모님이 30분마다 연락해서 도서관에 간 게 맞는지 확인하고 인증 사진을 찍어서 보내라고 한다면 얼마나 귀찮겠어? 혹시 지금도 그런 상황이니?

신뢰가 중요하고 꼭 필요하다는 건 분명한 사실이야. 하지만 그렇다고 무턱대고 신뢰를 강요하면 안 돼. 사실 아무런 의심 없이 믿어서 문제가 되는 경우가 많아. 사이비 종교(似而非 宗敎)가 그 대표적인 사례야. 사이비란 겉으로 보기에는 비슷하지만 근본적으로는 아주 다른 것을 이야기하지.

1990년대 초반에 '다미선교회'라는 사이비 종교단체가 대한민국을 뒤흔들었어. 이 단체의 교주는 1992년 10월 28일에 휴거가 일어나서 선택받은 사람만 하늘나라에 올라가고 나머지는 끔찍한 고통 속에 지내다가 결국 죽음을 맞이할 거라고 경고했지. 교주의 말을 믿은 사람들은 학교와 직장을 그만두고 전 재산을 단체에 내놨어. 가족까지 내팽개친 사람도 많았지.

이들은 휴거를 철석같이 믿었어. 전국에 신도가 10만 명에 육박하는 대단한 집단이었지. 드디어 그날이 되었고 신도들은 열정적으로 기도했어. 국내뿐만 아니라 해외 언론사까지 와서 취재할 정도로 관심이 대단했지. 드디어 밤 12시가 되었어. 어떻게 되었을까? '다미선교회' 교주의 말과 달리, 아무 일도 일어나지 않았어.

휴거설은 말 그대로 설일 뿐이고 근거가 없어. 조금만 합리적으로 생각해 보면 사이비 교주의 이야기는 충분히 의심할 수 있는데도, 맹신했던 게 화근이었지. 사이비 교주들이 "믿습니까?"라는 말을 자주 하는 이유는 '믿음=선, 의심=악'이라는 생각을 심기 위해서야.

신뢰는 상호 작용을 통해 만들어지는 거야. 신뢰도를 높이기 위해서는 어떻게 해야 할까? 상황이나 사건을 투명하게 공개하는 것이 중요해. 또한 한번 내뱉은 말은 제대로 실천하고 어기지 않아야 돼.

범죄를 저지른 사람들은 법원에서 형사 재판을 받는데, 처음 범죄를 저지른 사람이 "잘못을 반성하며 앞으로는 법을 어기지 않고 성실하게 잘 살겠다"라고 말하면 비교적 약하게 처벌하는 경향이 있어. 한 번 정도는 실수할 수 있다고 보는 거지. 그런데 같은 범죄를 여러 번 저지른다면 어떨까? 이때는 "다시는 범죄를 저지르지 않겠습니다"라고 말해 봐야 소용없어. 판사가 그 말을 믿지 않기 때문이지. 신뢰가 깨진 거야. 그동안의 행동을 봤을 때 또다시 범죄를 저지를 가능성이 높다는 이유에서 더 높은 형벌이 선고돼.

프시케의 경우는 어떨까. 프시케가 에로스를 믿지 못한 게 전적으로 프시케의 잘못 때문이라고 보기는 어려워. 프시케는 에로스와 결혼까지 했지만 남편의 얼굴조차 제대로 보지 못했거든. 그리고 밤에 왔다가 아침이 되면 홀연히 사라지는 것도 수상하기 짝이 없어. 갑자기 납치를 당했으니 정말 괴물일지도 모른다는 불안감이 생기는 게 당연해. 에로스의 입장에서야 어머니 아프로디테의 부탁을 어긴 상황이라 자신의 신분을 속여야 했겠지만, 프시케로서는 그런 사정을 알 길이 없었지.

에로스와 프시케 이야기를 통해 신뢰의 진정한 의미를 들여다봤으면 좋겠어. 무턱대고 자신을 믿으라고 하는 대신, 에로스가 사실대로 다 털어놓았다면 어땠을까? 그랬다면 프시케도 괜한 의심을 품지 않았을 거야. 에로스가 어머니를 많이 무서워한 것 같긴 해. 그런데 그건 에로스가 어머니와 정면으로 마주해서 풀어 나갔어야 했다고 생각해. 믿지 못한 프시케를 탓하기 전에 믿음을 전혀 주지 못한 에로스가 먼저 반성해야 하는 건 아닐까?

Acrisios
아크리시오스

아르고스의 왕으로 영웅 페르세우스를 낳은 다나에의 아버지.
손자 페르세우스의 손에 목숨을 잃는다는
신탁을 피하기 위해 부단히 노력했다.

아크리시오스를
죽게 만든 것은 무엇일까?

아르고스의 왕 아크리시오스에게는 다나에(Danae)라는 딸이 있었어. 어느 날 아크리시오스는 신전에 갔다가 무시무시한 신탁(神託, 신이 사람을 매개자로 하여 그의 뜻을 나타내거나 인간의 물음에 대답하는 일)을 들었지.

"너는 딸 다나에가 낳은 아들 때문에 죽임을 당할 것이다."

손자한테 죽임을 당한다고? 아크리시오스는 신탁을 듣자마자 두려움에 벌벌 떨었어. 고심 끝에 그는 다나에를 성탑 높은 곳에 가뒀어. 남자를 만나지 못하게 해서 아들을 낳지 못하게 하려는 의도였던 거야. 하지만 그게 오히려 난봉꾼 제우스(Zeus)의 관심을 끌었어. 평범한 인간은 다나에를 만나지 못하겠지만 자신은 전지전능한 신이라서 다나에를 만날 수 있다는 걸 보여 주고 싶었던 거야.

제우스는 황금 빗물로 변신해서 성탑에 들어가 다나에를

임신시켰어. 얼마 뒤 다나에는 아들을 낳았는데, 그 아들이 바로 페르세우스(Perseus)야. 페르세우스는 그리스로마신화에 등장하는 위대한 영웅으로 여러 악당을 물리친 인물이야.

페르세우스가 태어났다는 소식을 듣자 아크리시오스는 밤잠을 이루지 못했어. 결국 아크리시오스는 다나에와 어린 페르세우스를 궤짝에 넣어 바다에 던져 버렸지.

하지만 페르세우스의 아버지인 제우스가 페르세우스를 죽게 놔 둘리 없어. 제우스는 바다의 신 포세이돈에게 페르세우스를 부탁했고, 포세이돈은 페르세우스가 어부에게 발견되게 했지. 목숨을 건진 페르세우스와 다나에는 어부의 집에서 살게 돼.

성인이 된 페르세우스는 고향에 돌아가고 싶어서 아르고스로 향해. 이 소식은 아크리시오스에게 전해졌고 아크리시오스는 이대로 아르고스에 있다가는 죽을지도 모른다는 공포심에 사로잡혔어. 그래서 아르고스에서 멀리 떨어진 라리사라는 지역으로 피신했지.

그 무렵 라리사의 왕이 세상을 떠났고, 뒤이어 왕위에 오른 아들은 스포츠 경기를 좋아했던 아버지를 추모하는 스포츠 대회를 열어. 한편 아르고스로 가던 페르세우스는 라리사에 잠깐 들렀다가 스포츠 대회가 열린다는 걸 알게 됐어. 평소 운동 신경이 뛰어났던 페르세우스는 이 대회에 참가하는데, 페르세

나무 궤짝에 갇히는 다나에와 페르세우스.
자신의 목숨을 지키기 위해 딸과 손자를 버리는
아크리시오스의 비정함은 가히 충격적이다.

우스가 출전한 종목은 원반던지기야.

페르세우스가 회전력을 얻기 위해 빙글빙글 돌다가 원반을 던지려는 순간, 손이 삐끗하는 바람에 원반을 놓치고 말았어. 페르세우스는 아차 싶었지만 원반은 이미 경기장을 벗어나 관중석으로 날아가는 중이었어.

원반은 관중석에 있는 한 노인의 머리를 정통으로 가격했고, 그 노인은 즉사하고 말았어. 그 노인이 누구일까?

그 노인은 바로 페르세우스의 할아버지인 아크리시오스였어. 페르세우스를 만나지 않으려고 라리사로 피신해 있던 그는 원반던지기 경기를 보러 왔다가 죽음을 맞이한 거지. 이렇게 해서 "딸 다나에가 낳은 아들 때문에 죽임을 당할 것이다"라는 신탁은 현실이 되었어.

아크리시오스의 이야기는 "아무리 노력해도 운명을 피할 수는 없다"는 걸 보여 주는 사례로 인용되곤 해. 아크리시오스는 신탁의 내용이 실현되지 않도록 무던히도 노력했지만 결국 신탁의 내용대로 죽고 말았으니, 어떻게 보면 운명이란 아무리 애를 써도 피하기 어려운 것이라는 생각을 하게 만들어. 그런데 과연 그럴까?

축구 경기에서 승부차기를 하는 상황을 가정해 보자. A가 공을 차려고 준비하는 순간, 사람들은 승부차기 결과에 대해 이런저런 이야기를 나눴어. B가 이렇게 말했어.

"A는 승부차기에서 실패할 거야."

실제로 A는 골을 넣지 못했어. B의 예측이 맞은 것처럼 보이지? 만약 B가 교실에 있고 A는 운동장에 있어서 B의 말을 A가 듣지 못했다면 B의 예측이 맞았다고 할 수 있어.

하지만 B가 A가 있는 운동장에서 큰 소리로 자신의 예측을 이야기했고 A가 그걸 들었다면 이야기가 달라져. B의 이야기를 들은 A가 '정말 골을 못 넣으면 어떻게 하지'라는 생각에 부담감을 느꼈고 그 부담감 때문에 승부차기에 실패했을 수도 있으니까.

즉, 누군가의 예측이 객관적으로 정확한지 알려면 예측을 한 사람과 예측의 대상이 분리되어야 해. 만약 예측의 대상이 예측의 내용을 알고 있다면, 그 예측이 결과에 영향을 줄 수 있으니 예측이 실현되었다고 해서 그 예측이 정확하다고 말하기 어려워. 이처럼 미래에 대한 기대와 예측이 이후의 행동에 영향을 미쳐 실제로 예측한 대로 이루어지는 현상을 심리학에서는 자기충족적(자기실현적) 예언(Self-fulfilling prophecy)이라고 불러. 우리 속담 중에 "말이 씨가 된다"라는 표현도 자기충족적 예언과 일맥상통하는 면이 있어.

아크리시오스도 자기충족적 예언이 실현된 경우야. 아크리시오스가 죽게 된 건 세 가지 사건 때문이야. 첫 번째는 다나에를 성탑에 가둔 일이고, 두 번째는 페르세우스를 바다에 버린 일이고, 세 번째는 아르고스에서 라리사로 이동한 일이야. 근데 아크리시오스가 이러한 행동을 한 이유는 모두 아크리시오스가 신탁(예언)을 들었기 때문이야.

만약 신탁을 듣지 않았다면 어땠을까? 굳이 사랑하는 딸 다나에를 성탑에 가두지 않았을 거야. 다나에를 가두지 않았다면 제우스가 다나에를 임신시키는 일도 없었겠지. 그리고 페르세우스를 바다에 버리지 않았다면 페르세우스는 아르고스에서 잘 자랐을 텐데, 바다에 버리는 바람에 다른 지역에서 자라서 고향인 아르고스에 돌아오다가 원반던지기 대회에 참여한 거야. 마지막으로 아크리시오스가 라리사로 이동하지 않았다면 원반던지기 대회 관중석에 앉아 있지 않았을 것이고, 손자 페르세우스의 원반에 맞아 죽임을 당하지 않았을 거야.

그러니 아크리시오스가 자신의 운명대로 죽었다고 말하는 건 타당하지 않아. 그건 마치 "넌 반드시 실패할 거야"라는 악담을 계속하다가 실제로 실패한 사람에게 "거봐, 내가 뭐라고 했어? 내 말이 맞지?"라고 말하는 것과 비슷해. 아크리시오스는 '신탁대로' 죽은 게 아니라 '신탁 때문에' 죽었다고 봐야 해.

자기충족적 예언이 힘을 발휘하는 이유는 그 예언이 불안과 공포를 만들어 내기 때문이야. 공포심을 이용해서 장사를 하는 사람도 있어. 불안감과 공포심을 불러일으켜 소비자가 물건을 구매하게 만드는 마케팅 기법을 공포마케팅이라고 해. 공포마케팅의 사례는 우리 주변에서도 쉽게 찾아볼 수 있는데, 학원이 대표적인 경우야.

"어머님! 자녀의 실력이 다른 아이에 비해 많이 떨어집니다. 지금 한가하게 혼자 공부할 때가 아닙니다. 이미 또래 친구들은 모두 학원에 다니고 있어요. 당장 학원에 등록해서 따라잡지 않으면 영원히 뒤처지게 됩니다."

이런 말을 들으면 당장 학원에 등록해야겠다는 생각이 들기 마련이야. 한 사람이 다니면 다른 사람도 다니고, 결국 대부분의 사람이 학원에 다니게 되는 결과가 생기지. 물론 학원에 다니는 게 잘못되었다는 건 아니야. 내가 말하고 싶은 건 학교 수업만으로도 충분해서 굳이 학원에 갈 필요가 없는데도 막연한 두려움에 무조건 학원 등록부터 하는 건 바람직하지 않다는 거야.

물론 자기충족적 예언이 늘 나쁘기만 한 건 아니야. 긍정적인 예언(전망)을 통해 좋은 결과를 이끌어 낼 수도 있어.

하버드 대학교의 엘튼 메이요(Elton Mayo) 교수는 전기회사의 공장에서 작업의 효율성을 높이는 방법에 관한 연구를 진행했어. 처음에는 조명의 밝기가 작업의 효율성을 높일 것이라 가정하고 한 집단은 밝은 조명에서, 다른 집단은 어두운 조명에서 일하게 했어. 결과는 어땠을까? 두 집단 모두 예전보다 생산량이 늘었어. 조명의 밝기를 예전으로 돌렸는데도 생산량은 예전보다 더 늘었다고 해. 조명 밝기와 효율성은 상관이 없었던 거야. 그렇다면 생산량이 늘어난 건 왜일까?

그 이유는 노동자들의 마음가짐에 있어. 노동자들은 유명 대학교의 교수가 자신의 공장에서 연구를 진행한다는 소식에 최선의 결과를 보여 주기 위해 평소보다 더 열심히 일했어. 이처럼 실험에 참가한 개인이 자신이 관찰되고 있다는 사실을 '알 때' 자신의 행동을 바꾸거나 작업의 능률을 올리는 현상을 호손효과(Hawthorne effect)라고 하는데, 호손이라는 이름이 붙은 건 그 실험을 한 공장이 호손공장이었기 때문이야. 호손효과는 실험 자체가 그 결과에 영향을 미쳤다는 점에서 자기충족적 예언의 예라고 볼 수 있어. 호손효과에서 나타난 의외의 결과를 토대로 실험 연구의 방향성이 많이 바뀌었다고 해. 실험 연구를 할 때, 연구자의 개입을 최소화해서 객관적인 결론을 얻어 내려는 노력이 시작된 거야.

사실 미래를 예측한다는 건 매우 어려운 일이야. 특히나 요즘처럼 기술 발전이 빠르고 사회가 급격하게 변하는 때에는 더욱 그렇지. 그렇다면 어떻게 미래를 대비해야 할까?

경영학계의 거장인 피터 드러커(Peter Drucker)는 미래 예측에 관해 이렇게 말했어.

"미래를 예측하는 가장 훌륭한 방법은 바로 미래를 직접 만드는 것이다."

미래를 준비할 때 긍정적인 자기충족적 예언을 원동력으로 삼는 건 어떨까? '잘될 거야'라는 말은 생각보다 힘이 세거든. 정신 승리하자는 의미는 아니야. 좋은 게 좋은 거라며 덮어 놓고 무비판적으로 살자는 말도 아니고. 인생에 슬픔이 찾아오고 어려울 때, 불안보다는 기대감으로 맞서 보자는 거지. 부정적인 감정에 사로잡히는 나날이 길어지면 다시 일어서고 싶은 마음까지 사라져. 자신의 삶을 좋은 방향으로 끌고 가려면 '잘될 거야'라는 주문이 꼭 필요할 때가 있어. 지금 자신에게 말해 봐. '난 잘될 거야!'

Oedipus
오이디푸스

그리스로마신화 속 가장 비극적인 삶을 살았던 인물.
정해진 운명에서 벗어나기 위해 발버둥쳤지만,
운명에서 벗어나려 했기 때문에
그 운명을 맞이한 클리셰의 시초가 되었다.

오이디푸스는 어쩌다 비극의 주인공이 되었을까?

그리스의 고대 도시국가인 테바이에 오이디푸스라는 왕이 있었는데, 오이디푸스가 왕이 된 이후로 테바이는 바람 잘 날이 없었어. 전염병이 창궐해서 수많은 백성들이 목숨을 잃었고 여성들은 임신이 되지 않았지. 태풍, 지진, 홍수도 연이어 발생했어.

나라에 큰 문제가 생겼다고 판단한 오이디푸스는 재앙의 원인을 알아내기 위해 신하를 델포이 신전으로 보냈어. 델포이 신전은 예언의 신 아폴론을 모시는 곳이었는데, 고대 그리스 사람들은 중요한 결정을 내려야 할 때 델포이 신전에 가서 답을 구했어.

테바이가 어려움에 처한 원인에 대한 델포이 신탁은 이런 내용이었어.

"라이오스(Laius) 왕을 살해한 자를 찾아내 나라에서 추방

해야 테바이의 재앙이 그칠 것이다."

라이오스 왕은 오이디푸스 전에 테바이를 다스리던 왕이었어. 신탁을 알게 된 오이디푸스는 나라를 위기에서 구하기 위해 스스로 수사관이 되어 살인범을 잡기로 했지.

예언 능력이 탁월할 뿐만 아니라 모든 것을 알고 있는 현자 테이레시아스(Teiresias)를 부른 오이디푸스는 라이오스 왕을 죽인 범인이 누구냐고 물었어. 그런데 테이레시아스는 우물쭈물하며 대답을 못 했어. 오이디푸스는 제대로 대답하라고 다그쳤고, 그제야 테이레시아스가 입을 열었어.

"범인은 바로…."

테이레시아스의 대답을 들은 오이디푸스는 경악을 금치 못했어. 범인으로 지목된 사람은 바로 오이디푸스 자신이었기 때문이야. 도대체 이게 어찌 된 영문일까? 진상을 파악하려면 오이디푸스가 태어난 무렵으로 돌아가야 해.

테바이의 왕 라이오스는 델포이 신전에서 "아들이 너를 죽일 것이다"라는 무시무시한 신탁을 들었어. 그 뒤에 아들 오이디푸스가 태어나자 두려움에 떨던 라이오스는 아이를 유모에게서 빼앗았어. 그러고는 양치기에게 아이를 산에 내다 버리라고 명령해. 하지만 양치기는 그 아이가 가여워서 아이를 내다 버리지 않고 다른 사람에게 맡겼어. 그렇게 해서 오이디푸스는 코린토스에 사는 양부모 아래에서 무럭무럭 자랐어(눈치

빠른 독자라면 알아차렸겠지만 이야기의 전체적인 전개가 아크리시오스와 상당히 비슷해).

오이디푸스는 18살이 되던 해, 우연히 델포이 신전에 들렀다가 신탁을 받아.

"절대 고향으로 돌아가지 마라. 만약 이 명령을 따르지 않으면 너는 네 아버지를 죽이게 될 것이다."

아버지를 죽인다는 건 상상도 할 수 없는 일이었어. 신탁에 놀란 오이디푸스는 어디로 갔을까? 여기서 비극이 시작돼. 오이디푸스는 코린토스를 고향으로 알고 있었기에 코린토스로 가지 않고 테바이로 향했어. 좁은 길을 지나가던 오이디푸스는 마차와 맞닥뜨렸는데, 마차를 몰던 마부가 거친 말투로 오이디푸스에게 비키라고 소리를 질렀어.

마부의 태도에 빈정이 상한 오이디푸스가 길을 막아서자 마차에서 노인이 내렸어. 그는 마구 욕설을 퍼부으면서 지팡이로 오이디푸스를 공격했어. 고향과 가족을 등지고 낯선 곳으로 가는 것도 서러운데 폭행까지 당하니 화가 머리끝까지 솟구쳤어.

오이디푸스는 더 이상 참지 못하고 폭발했고 마부와 노인을 때려죽이고 말았어. 마차에 타고 있던 노인이 누구였을까? 바로 테바이의 왕이자 오이디푸스의 생부인 라이오스였어.

오이디푸스는 그동안 코린토스에서 자신을 키워 준 사람

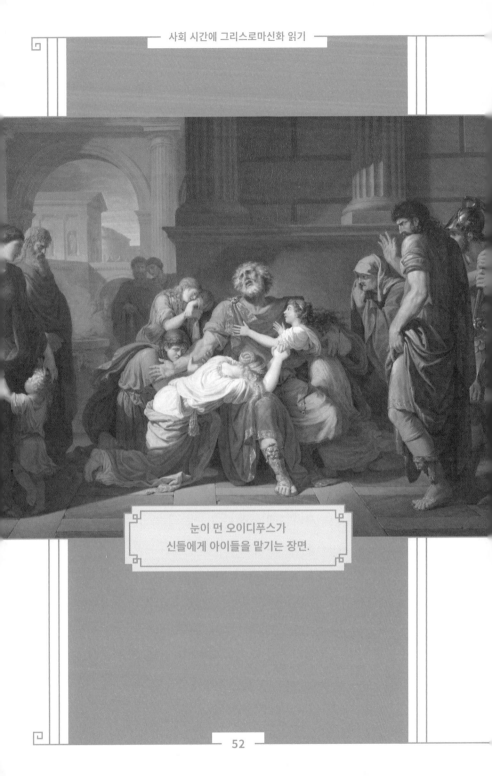

눈이 먼 오이디푸스가
신들에게 아이들을 맡기는 장면.

들을 친부모로 알고 있었어. 그런데 테이레시아스를 통해서 출생의 비밀을 알게 된 거지. 친부를 죽였다는 경악스러운 사실에 큰 충격을 받은 오이디푸스는 칼로 자신의 눈을 찔러 멀게 만들었어. 그리고 죄를 반성하기 위해 테바이의 왕좌에서 내려와 정처 없이 떠돌아다니다 쓸쓸하게 죽음을 맞았어.

오이디푸스는 그리스로마신화를 통틀어서 가장 비극적인 인물이야. 오이디푸스는 어쩌다 이렇게 고단하고 슬픈 삶을 살게 되었을까?

"아는 것이 힘이다"라는 말 들어 봤을 거야. 근대 철학의 선구자로 꼽히는 베이컨(Francis Bacon)이 한 말이야. 베이컨은 지식을 얻기 위해서는 경험이 중요하다고 강조했어. 경험을 통해 지식을 얻는 과정에 장해물이 생길 수 있는데, 베이컨은 이 장해물을 우상(偶像)이라고 불렀지. 존경과 숭배의 대상이 되는 존재를 우상이라고 부르기도 하는데, 이때의 우상의 의미가 긍정적인 것에 반해 베이컨이 말한 우상의 의미는 부정적이야.

베이컨은 4가지 우상(종족의 우상, 동굴의 우상, 시장의 우상, 극장의 우상)을 이야기했어. 그중에서 시장의 우상은 인간이 사용하는 언어 때문에 생기는 왜곡된 인식을 뜻해. 언어는 의사소통에 필요한 주요한 수단이야. 하지만 잘못 정의된 단어들은 오히려 우리의 생각을 방해해서 선입견과 편견을 만들어 낸다는 게 베이컨의 견해야.

베이컨은 추상적이고 일반적인 단어는 의미가 불분명해서 오해의 소지가 많다고 봤어. 예를 들어, '진흙'은 의미가 분명하지만 '땅'은 분명하지 않은 개념인 거지. 불분명한 단어 때문에 혼란이 생기고 사람들이 오류에 빠지는 걸 시장의 우상이라고 표현한 거야(시장의 우상이라는 이름이 붙은 건 시장에는 여러 사람이 모이고, 거래를 하려면 언어를 사용해야 하기 때문이야).

오이디푸스가 아버지를 살해하게 된 건 "절대 고향으로 돌아가지 말라"는 신탁 때문이야. 오이디푸스의 실제 고향은 테바이였지만 오이디푸스는 자신의 고향을 코린토스로 알고 있었지. '고향'이라는 단어가 오해를 야기한 셈이야.

만약 신탁의 내용이 "절대 테바이로 가지 말라"였다면 어땠을까? 오이디푸스는 테바이로 가지 않았을 것이고, 아버지 라이오스를 만날 일이 없었을 테니 오이디푸스의 불행도 일어나지 않았을지 몰라.

보통 예언을 할 때는 모호한 말을 사용해. 예언가 중 가장 유명한 사람은 노스트라다무스(Nostradamus)인데, 그도 추상적인 표현을 많이 사용했어. 예를 들면 "치욕스런 왕이 세워지면 황금시대가 막을 내린다"라고 말하는 식이지. 사람들은 '치욕스런 왕'이 히틀러를 의미하고 히틀러가 제2차 세계대전을 일으키는 걸 예언한 것이라고 해석했어. 노스트라다무스가 그런 의도로 예언을 남겼을 수도 있지만 다른 해석도 가능해. 노

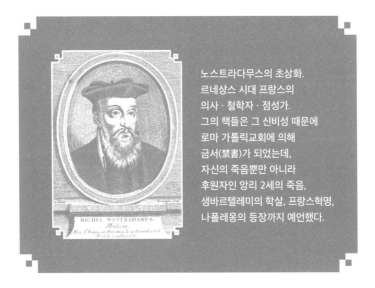

노스트라다무스의 초상화.
르네상스 시대 프랑스의
의사 · 철학자 · 점성가.
그의 책들은 그 신비성 때문에
로마 가톨릭교회에 의해
금서(禁書)가 되었는데,
자신의 죽음뿐만 아니라
후원자인 앙리 2세의 죽음,
생바르텔레미의 학살, 프랑스혁명,
나폴레옹의 등장까지 예언했다.

스트라다무스를 비판하는 이들은 예언이란 게 워낙 추상적이고 상징적인 말로 가득해서 해석하기 나름이고 '귀에 걸면 귀걸이, 코에 걸면 코걸이'라서 특별한 의미가 없다고 생각해.

예언이나 신탁이 명확하지 않고 불분명한 이유는 뭘까? 그 이유는 불분명하게 말해야 그 말을 믿는 사람이 많기 때문이야. 이 사실을 객관적인 실험으로 증명한 사람이 심리학자인 버트럼 포러(Bertram Forer)야.

포러는 연구에 참여한 학생들을 대상으로 성격 검사를 실시했고, 얼마 뒤 학생들에게 성격 검사 결과를 알려 줬어. 그리고 자신의 평소 성격과 검사 결과가 얼마나 일치하는지 물어 봤지. 학생들은 검사 결과에 대해 5점 만점에 평균 4.26을 줬어. 대부분의 학생이 검사 결과가 자신의 성격을 잘 보여 준다고 판단한 거지.

이것만 보면 성격 검사가 정확하다고 생각하기 쉬워. 하지만 이 실험에는 반전이 있어. 그건 학생들이 모두 똑같은 내용이 적힌 검사 결과를 받았다는 점이야.

실험에 참가한 사람들이 모두 같은 성격일 거라고 보기는 어려워. 실제로는 다른 성격이지만 모두 똑같은 검사 결과지를 받았지. 그런데도 사람들이 '이건 딱 내 이야기네'라고 생각한 건, 결과지에 나온 말들이 애매하고 모호해서 어떤 식으로든 해석할 수 있었기 때문이야. 예컨대, "당신은 외향적이고 사교적이지만, 가끔은 내향적이고 말이 없을 때도 있습니다. 당신의 소망 가운데 몇 가지는 조금 비현실적입니다"라는 식이야.

언어가 의사소통에 제약을 가할 수 있다는 베이컨의 생각에는 타당한 면이 있어. 하지만 그렇다고 말을 안 하고 살 수는 없어. 언어가 없다면 의사소통에 더 큰 문제가 생길 거야.

우리가 해야 할 일은 '정확하게' 말하는 거야. 다양한 어휘를 쓰는 것도 중요하지. 그리고 단어의 뜻으로 상대방의 말을 이해하는 경우도 있지만, 상대방의 표정이나 몸짓, 목소리와 말투, 말을 하는 분위기에 따라 그 뜻을 이해해야 하는 일도 많아. 그러니 원활하게 의사소통을 하려면 더 자주 만나고 더 많이 이야기할 필요가 있어. 오해를 극복하려면 부딪치고 이해하는 과정이 꼭 필요한 법이야. 회피하거나 혼자 추측하지 말고 상황을 정면 돌파해야 하는 이유이기도 하지.

Theseus
테세우스

아테네 최고의 영웅.
아테네 왕 아이게우스의 핏줄을 이어받았으나
홀어머니 밑에서 성장한 뒤 온갖 괴물들과 악당들을 물리친
영웅이 되어 아테네의 왕위를 물려받는다.

테세우스는
공정하게 경쟁했을까?

테세우스는 그리스로마신화에 등장하는 영웅 중 한 명이야. 헤라클레스가 힘의 영웅이라면 테세우스는 지혜의 영웅으로 여겨지고 있지.

테세우스는 프로크루스테스를 비롯한 악당들을 물리친 뒤 아테네에 입성했어(참고로 프로크루스테스 이야기는 2교시 4장에 나와). 테세우스의 아버지이자 아테네의 왕인 아이게우스(Aegeus)는 아들을 보자 매우 기뻤어. 아이게우스는 훌륭하게 잘 자란 아들에게 왕위를 물려줄 생각이었지.

그런데 테세우스가 아무리 왕의 아들이라고 해도 곧바로 왕이 될 수는 없었어. 테세우스는 아테네 사람이 아니라 트로이젠 사람으로 아테네 사람에게 테세우스는 '굴러온 돌'이었거든. 왕이 될 자격이 있다는 걸 보여 줄 성과가 필요했지.

한편 아테네는 이웃 나라인 크레타와 전쟁을 해서 패배

한 후 9년마다 7명의 젊은 남자와 7명의 젊은 여자를 선발해서 크레타에 조공으로 바치고 있었어. 그렇게 조공으로 바쳐진 아테네의 젊은이들은 크레타에 있는 괴물 미노타우로스(Minotauros)의 먹이가 되었어. 크레타에 간다는 건 곧 죽음을 의미했기에 아무도 크레타에 가려고 하지 않았지. 이때 테세우스가 손을 번쩍 들어.

"제가 크레타에 가겠습니다. 가서 이 상황을 깔끔하게 해결하고 오겠습니다."

테세우스는 미노타우로스를 무찔러서 아테네의 큰 골칫거리를 해결하고 자신이 왕이 될 능력을 갖췄다는 걸 보여 주고 싶었던 거야.

많은 사람들의 응원을 받으며 아테네를 떠난 테세우스는 크레타에 도착했어. 테세우스는 엄청난 힘을 지닌 싸움의 고수였어. 미노타우로스가 아무리 무시무시한 괴물이라고 해도 이길 자신이 있었지.

문제는 미노타우로스가 있는 장소가 미로라는 점이야. 그리고 이 미로는 보통 미로가 아니야. 천재 과학자 다이달로스(Daedalos)가 만든 이 미로는, 수많은 통로가 마치 거미줄처럼 얽혀 있는 난이도 극상이야. 한번 미로에 들어가면 출구를 찾는 게 불가능했지. 그 미로를 만든 당사자인 다이달로스도 미로의 구조를 잊어버릴 정도였대.

테세우스는 이 미로를 어떻게 빠져나올 수 있을까를 깊이 고심했어. 아무리 생각해도 묘수가 떠오르지 않아 절망하던 중에 한 사람이 다가와서 테세우스에게 말했어.

"제게 다 방법이 있으니, 너무 걱정하지 마세요."

그 사람은 크레타의 공주 아리아드네(Ariadne)였어. 아리아드네는 테세우스를 깊이 사랑하여 테세우스가 미로에 갇혀서 죽는 걸 원치 않았지. 테세우스를 돕기로 마음먹은 그녀는 미로를 빠져나올 방법을 알려 주었는데, 그건 바로 붉은색 실뭉치를 이용하는 거야.

미로 입구에서 아리아드네가 실뭉치를 잡고 있고 테세우스는 실뭉치를 계속 풀어 가면서 앞으로 나아갔어. 미로 가운데에 미노타우로스가 있었는데, 테세우스는 미노타우로스를 가볍게 무찔렀어. 그러고는 실을 따라 다시 밖으로 나왔지.

미노타우로스를 제압했으니 이제 아테네는 크레타에 조공을 바칠 필요가 없게 되었어. 아테네 사람들은 10년 묵은 체증이 내려간 것 같았어. 이 문제를 해결한 테세우스의 인기는 하늘을 찔렀고, 테세우스는 마침내 아테네의 왕이 되었지.

테세우스는 아리아드네의 실 덕분에 미로에서 벗어날 수 있었어. 그래서 '아리아드네의 실'은 어려운 문제를 푸는 실마리 또는 위험한 상황에서 벗어나기 위한 해결책을 뜻하는 말로 자주 사용돼. 난이도 극상의 미로에서 벗어난 뒤 왕이 되었

테세우스를 사랑한 아리아드네는
실을 이용해 테세우스를 위기에서 구해 낸다.

으니, 테세우스 입장에서 보면 미로 탈출은 위기에서 벗어난 멋진 사건이었을 거야. 하지만 난 지금부터 조금 다른 시각에서 이 사건을 보려고 해.

사회는 다양한 사람들이 모여서 함께 살아가는 곳이야. 사회 구성원들을 몇몇 집단으로 구분하기도 하는데, 이런 집단을 계층(階層)이라고 불러. 계층은 높고 낮음이 있는 수직의 개념으로, 주로 사회적 불평등을 이야기할 때 사용되는 용어야. 계층을 구분하는 기준으로는 지위, 명예, 영향력 같은 여러 요소가 있지만, 경제적인 측면의 소득이나 직업으로 계층을 구별 짓는 게 일반적이야.

계층 간의 이동이 일어나는 현상을 사회 이동(社會 移動)이라고 부르는데, 중류층에 있던 사람이 상류층으로 옮겨 가는 게 사회 이동의 예시야. 이렇게 사회 이동이 활발하게 일어나는 사회는 역동적이고 활기 있는 사회라고 볼 수 있어.

우리나라는 다른 나라에 비해 짧은 기간 동안 큰 경제 성장을 이뤄 냈고, 그 과정에서 사회 이동도 활발한 편이었어. 사회 이동을 활발하게 만드는 역할을 담당했던 건 교육이야. "개천에서 용 난다"라는 말 들어 봤지? 이 말은 부유하지 않은 집에서 태어난 사람도 열심히 공부를 하면 좋은 직업을 갖고 성공할 수 있다는 걸 보여 주는 말이야.

많은 이들이 부(富), 권력, 명예를 누리고 싶어 해. 하지만 그것들이 충분하지 않다는 것이 문제야. 원하는 사람은 많은데 그 양은 충분하지 않을 때 경쟁이 일어나. 경쟁을 할 때 중요한 건 '공정'이야. 두 사람이 100m 달리기를 하는데, 한 사람은 출발선에서 시작하고 다른 사람은 출발선보다 20m 앞선 곳에서 시작한다면 공정하다고 볼 수 없어.

몇 해 전 한 고등학교에서 발생한 사건은 공정의 중요성에 대해 생각하게 만들었어.

서울의 한 고등학교에 다니는 A는 학교 내신시험에서 인문계열 전체 1등을 차지해. 그것도 2등과 차이가 크게 나는 압도적인 1등이었지. 놀라운 건 그전까지는 A의 성적이 그렇게 좋은 편이 아니었는데, 성적이 급격하게 올랐다는 점이야. 한편 그 학교에는 A와 쌍둥이인 B도 다니고 있었는데, A가 인문계 1등을 차지한 시험에서 B는 자연계 1등을 해.

쌍둥이 자매는 열심히 공부한 결과라고 주장했지만, 알고 보니 그건 사실이 아니었어. 쌍둥이 자매가 다니는 학교의 교무부장이 바로 쌍둥이 자매의 아버지였던 거야. 아버지가 미리 시험지와 정답을 빼돌려서 딸들에게 건넸고 딸들은 그걸로 시험을 봐서 1등을 했다는 사실이 밝혀지자, 많은 사람들이 비난의 목소리를 높였어. 사람들이 분노했던 건 시험은 정정당당하게 치러져야 하는데, 쌍둥이 자매와 그 아버지가 반칙을 써서 공정성을 해쳤기 때문이야.

테세우스의 이야기로 돌아가 볼까? 미로 탈출은 테세우스에게 왕의 자질을 증명할 수 있는 일종의 테스트였어. 그런데 테세우스가 무사히 미로를 탈출할 수 있었던 건 바로 아리아드네의 실이 있었기 때문이야. 그 실이 없었다면 테세우스는 미로에서 나오지 못했을 것이고, 아테네의 왕도 될 수 없었겠지.

엄격하게 보면 테세우스는 혼자만의 힘으로 미로를 탈출한 게 아니야. 테세우스에게는 아리아드네라는 든든한 조력자가 있었어.

테세우스 이전에 무수한 사람들이 미로에 들어갔지만 모두 탈출에 실패했어. 그들이 미로를 빠져나오지 못한 건 밖에서 실을 잡아 준 아리아드네가 없었기 때문이야. 비유를 하자면, 온라인 게임에서 다른 사람들은 아무런 아이템 없이 싸우는데 테세우스는 막강한 아이템을 가지고 싸움을 한 셈이지.

미로 탈출에 실패한 사람들은 이렇게 생각할 수도 있지 않을까?

'난 오롯이 혼자 힘으로 도전했는데, 테세우스는 다른 사람의 도움을 받았으니 공정하지 않아! 아리아드네의 실을 이용해서 미로를 탈출한 테세우스는 아버지가 미리 건네준 답안을 가지고 시험을 본 쌍둥이 자매와 다를 바 없어.'

물론 다르게 생각할 수도 있어. 테세우스는 이렇게 반박할지도 몰라.

'반드시 혼자 힘으로 미로를 탈출해야 한다는 규칙은 없었 잖아? 난 반칙을 쓴 게 아니라 정당하게 도움을 받았을 뿐이니 이걸 불공정한 경쟁이라고 볼 수 없어.'

사실 '공정'은 매우 어려운 개념이야. 무엇이 공정한 것인 지는 사람마다 생각이 다르거든. 여러분은 어떻게 생각하는지 궁금해. 테세우스가 공정한 경쟁을 했다고 생각해? 아니면 꼼 수를 썼다고 생각해?

만약 불공정한 경쟁이 많아지면 어떻게 될까? 사회 이동 은 점점 줄어들고 사회적 불평등이 더욱 심해질 수밖에 없어. 개천에 있다가 용이 되는 경우는 사라지고, 용의 집에서 태어나 야만 용이 될 수 있는 상황이 생기는 거지. 다른 말로 금수저는 계속 금수저로, 흙수저는 계속 흙수저로 남는 거야.

예전에는 교육이 사회 이동을 활발하게 만드는 요소였어. 그래서 교육을 '계층 이동의 사다리'라고 부르기도 했어. 그런 데 요즘에는 그렇지 않다는 지적이 많아.

한 시민단체는 2021년 대학생의 계층을 조사했어. 4년제 대학 전체 재학생을 보면 고소득층 비율이 39.5%, 저소득층이 30.1%로 비슷하지만, 소위 명문대의 경우에는 고소득층 비율 이 56.6%로 저소득층(21.5%)보다 2.6배 높다고 해. 가난한 집의 자녀에 비해 부유한 집의 자녀가 명문대에 갈 확률이 높다는 거지. 반드시 그런 건 아니지만, 명문대를 졸업하면 다른 사람들이 더 선호하고 소득이 더 많은 직업을 선택할 확률이 높아지긴 해.

이 통계에 따르면 부유한 집의 자녀들은 사교육 등을 통해 실력을 쌓아 입시에서 좋은 성적을 얻어서 명문대에 진학하고 많은 이들이 선호하는 직업을 얻는다고 해. 교육이 오히려 부를 대물림하는 수단으로 이용되고 있다는 거지. 오늘날의 입시제도가 특별히 상류층에게 유리하게 설계된 건 아닌지 비판적으로 생각해 볼 필요가 있어.

경쟁이 없으면 좋겠지만, 자원은 한정적이어서 경쟁이 아예 없을 수는 없어. 또한 경쟁이 마냥 나쁜 것만은 아니야. 경쟁을 통해 더 나은 결과를 이끌어 내는 경우가 꽤 많거든. 또한 경쟁을 통해 사회 이동이 활발하게 이뤄지게 할 필요도 있어. 물이 흐르지 않고 고여 있으면 썩듯이, 사회도 변하지 않고 정체되어 있으면 병들어 갈 수밖에 없기 때문이야.

경쟁은 공정성이 생명이야. 공정하지 않은 경쟁은 진정한 의미의 경쟁이라고 할 수 없어. 반칙과 꼼수 없이 정정당당하게 경쟁을 해야, 사회도 개인도 발전할 수 있지.

법과 정치의 관점에서 본 신화

Sisyphos
시시포스

교활하고 잔꾀가 많기로 유명했던 코린토스의 왕.
제우스와 하데스의 분노를 사 무거운 바위를 산 정상으로
밀어 올려야 하는 영원한 형벌에 처해졌다.

시시포스에게도
휴식은 필요하다

그리스로마신화에는 끔찍한 벌을 받는 사람들이 많이 나오는데, 시시포스도 그중 한 사람이야. 시시포스는 코린토스의 왕이었는데, 영리하고 꾀가 많기로 유명했어. 그런 시시포스의 인생이 고달파진 건 제우스 때문이야.

바람둥이 제우스는 강의 신 아소포스(Asopos)의 딸 아이기나(Aegina)를 유괴해서 외딴 섬으로 데려갔어. 아소포스는 온 사방을 돌아다니며 딸을 찾아다녔지만 찾을 수 없었어. 절망에 빠져 있던 아소포스는 시시포스가 매우 현명하다는 이야기를 듣고는 그를 찾아가 딸이 어디에 있는지를 물어.

"알기는 아는데…."

시시포스가 말을 해야 할지 말지를 고민하자, 애가 탄 아소포스는 원하는 모든 걸 줄 테니 제발 딸이 어디 있는지만 알려 달라고 간절하게 부탁했어. 아소포스에게서 샘물이 마르지 않게 하는 방법을 알아낸 시시포스는 제우스가 아이기나를 납치해서 한 섬으로 데려갔다는 사실을 아소포스에게 알려 줘. 아소포스는 당장 그곳으로 달려가서 딸을 구해 내.

이 사실을 알게 된 제우스는 반성하기는커녕 시시포스가 고자질을 했다는 것에 화가 났어. 그래서 시시포스를 지하세계에 가두라고 명령을 내렸지. 지하세계로 간다는 건 죽는다는 걸 의미해.

원래 사람이 죽으면 장례를 치르는데 시시포스는 죽은 뒤에도 장례가 치러지지 않았어. 저승의 왕인 하데스(Hades)는 그게 참 이상했어. 시시포스를 불러서 그 이유를 묻자 시시포스가 이렇게 이야기해.

"하데스 신이여, 제 아내가 극악해서 제 장례조차 치르지 않고 있습니다. 잠시 저를 지상으로 보내 주시면, 아내에게 장례를 지내 달라고 부탁하고 돌아오겠습니다."

사실 시시포스의 장례가 없었던 건 시시포스가 지하세계로 끌려가기 전에 아내에게 절대 장례를 치르지 말라고 신신당부했기 때문이야. 그런 사정을 알 리 없는 하데스는 시시포스가 가여워서 지상에 잠시 다녀올 수 있게 허락했어.

하지만 시시포스는 처음부터 지하세계에 다시 돌아갈 생각이 없었어. 속았다는 사실을 안 하데스는 노발대발했어. 하데스는 신하를 풀어 시시포스를 잡아 오게 한 뒤에 시시포스를 지하세계의 높은 산 밑으로 데리고 갔어. 그러고는 엄청난 크기의 바윗덩어리를 시시포스 앞에 놓고는 명령했어.

"이 바위를 산꼭대기까지 밀어 올려라."

지하세계의 왕인 하데스의 명령을 거부할 수 없었던 시시포스는 젖 먹던 힘까지 짜내서 바위를 산꼭대기까지 올렸어. 이제 벌이 끝났다고 생각한 순간, 바위가 산 밑으로 굴러 떨어졌어. 시시포스는 다시 바윗덩어리를 밀어 올렸지만, 이번에도 마찬가지였어. 산꼭대기에 오르자마자 다시 바위는 굴러 떨어져서 시시포스는 끊임없이 바위를 밀어 올려야 했어.

시시포스가 받은 벌이 끔찍한 이유는 똑같은 일을 반복해야 하기 때문이야. 아무리 즐거운 일이라도 계속 반복하면 지겨워지게 마련인데, 시시포스는 엄청 고된 일을 끝도 없이 해야 했으니 얼마나 힘들었을까.

정도의 차이는 있지만, 시시포스의 모습은 평범한 노동자의 일상과 비슷한 면이 있어. 노동자들은 매일 직장에 출근해서 자신의 업무를 최선을 다해서 마무리 지어. 하나의 일이 끝나서 이제 좀 쉬어 볼까 하면 다시 새로운 일이 주어지지. 직장을 다니는 동안 이 장면은 끊임없이 반복돼.

일하는 행위를 다른 말로 근로(勤勞)라고 하는데 우리나라 국민들은 근로의 의무를 지고 있어. 그런데 좀 특이한 게 근로는 의무이면서 권리이기도 해. 일은 그냥 '하기 싫은 것' 아니

최악의 형벌을 받고 있는 시시포스의 모습.

냐고? 맞아. 하지만 일은 '하기 싫지만 해야 하는 것'이기도 해. 많은 이들의 꿈이 돈 많은 백수이긴 하지만 그 꿈을 실현하기보다 그냥 일을 하는 게 쉬울지도 몰라. 대부분의 사람들은 생계를 유지하려면 돈이 필요하고 돈을 벌기 위해서는 일을 해야 하는데, 아무리 일을 하고 싶어도 직장을 구하기 어렵다면 그것도 참 고통스러운 일이야. 취업이 되지 않아 고민 중인 취업준비생이나 직장에서 해고를 당해 힘들어하는 실직자를 보면 일을 할 수 있는 근로의 권리가 얼마나 소중한지 알 수 있을 거야.

노동자들에게는 일을 할 수 있는 권리뿐만 아니라 다른 권리도 있는데, 대표적인 권리로는 단결권(團結權), 단체교섭권(團體交涉權), 단체행동권(團體行動權)이 있어. 예를 들어 설명해 볼게.

김근로 씨는 자동차에 들어가는 부품을 생산하는 공장에서 일을 하고 있는데 요즘 회사에 불만이 매우 많아. 다른 회사들은 월급이 많이 오르는데 김근로 씨 회사는 몇 년째 월급이 그대로이고 휴식시간도 제대로 보장하지 않고 있거든. 김근로 씨는 회사의 사장인 박대표 씨에게 불만을 이야기했지만, 박대표 씨는 "불만이 있으면 회사를 나가라"는 식의 태도를 보이며 김근로 씨의 말을 전혀 귀담아듣지 않았어.

뭉치면 살고 흩어지면 죽는다는 말 들어 봤지? 혼자로는 회사와 상대하기 어렵겠다고 생각한 김근로 씨는 동료들과 이야기를 나눴어. 사실 다른 노동자들도 회사의 정책에 불만이 많았거든. 그래서 김근로 씨는 다른 노동자들과 함께 노동조합 (勞動組合)을 만들었는데, 이렇게 여러 노동자들이 모여서 노동 조합도 만들고 함께 행동할 수 있는 권리를 '단결권'이라고 해.

김근로 씨가 혼자 이야기할 때와 달리 여러 노동자들이 노동조합을 결성해서 요구를 하니 박대표 씨도 무시할 수만은 없었어. 구체적으로 뭘 원하는지를 놓고 회사와 노동자들이 함 께 모여 논의를 하게 된 거지. 이처럼 노동자들이 단체를 만들 어서 회사와 협상할 수 있는 권리를 '단체교섭권'이라고 해.

협상 과정에서 김근로 씨를 중심으로 한 노동조합은 월급 을 5% 올리고 휴식시간도 보장해 달라고 요구했는데, 박대표 씨는 휴식시간은 보장하겠지만 월급은 올려 줄 수 없다고 주 장했어. 의견 차이는 좁혀지지 않았고 협상은 결렬되었지.

그러자 김근로 씨는 이제는 말이 아니라 행동을 해야 할 때라는 생각이 들었어. 노동조합의 다른 노동자들도 생각이 비 슷했고. 김근로 씨를 비롯한 노동자들은 회사가 월급을 5% 올 려 줄 때까지 일을 하지 않겠다는 파업 선언을 했어. 이런 게 바로 단체행동권이야.

단결권, 단체교섭권, 단체행동권을 흔히 노동 3권이라고 부르는데, 가장 기본적이고 중요한 권리라서 헌법에도 노동 3 권이 명시되어 있어.

노동 3권이 필요한 이유는 뭘까? 그건 회사에 비해 노동자가 상대적으로 약자이기 때문이야. 과거에는 노동 3권 같은 보호 장치가 없었고, 노동자들은 적은 돈을 받으면서 열악한 환경에서 일해야 했어. 그러다 노동자의 인간다운 삶을 보장해야 한다는 생각이 널리 퍼지면서 노동 3권이 생긴 거지.

우리나라 노동자들의 권리를 향상시키는 데 크게 기여한 인물로는 전태일 열사가 있어. 전태일은 1960년대 청계천의 평화시장에서 일했어. 당시 평화시장은 의류 상가와 의류 제조업체가 밀집된 곳이었는데 노동환경이 매우 좋지 않았어. 노동자들은 햇빛도 잘 들어오지 않는 좁은 다락방에서 하루 14시간 넘게 일했어. 아침부터 밤까지 죽어라 일만 한 거지. 환기 장치도 제대로 안 되어 있어 각종 유해 물질 때문에 건강이 나빠진 노동자들도 많았어.

전태일은 동료 노동자들과 삼동회라는 조직을 만들어서 노동자들이 좀 더 인간답게 살 수 있는 환경을 만들기 위해 다양한 노력을 했어. 하지만 당시에는 노동자의 권리를 보장하는 것보다 빨리 경제성장을 하는 게 주된 목표였기 때문에 전태일의 목소리에 귀를 기울이는 사람은 많지 않았어.

보통의 방법으로는 상황이 바뀌지 않겠다고 판단한 전태일은 1970년 11월 13일 평화시장 앞에서 시위를 벌였는데, 그때 자신의 온몸에 석유를 뿌리고 불을 붙인 채 "우리는 기계가 아니다!"라고 외쳤어. 곧 병원에 실려 갔지만 그는 결국 목숨을 잃고 말아. 전태일의 분신 사건은 사회적으로 큰 반향을 일으켰어. 전태일이 자신의 목숨까지 희생하며 참혹한 노동 현실을 고발하자 노동문제에 대한 관심이 높아졌고, 노동자들의 삶의 질도 조금씩 나아지기 시작했어.

시시포스가 끊임없이 바위를 밀어 올려야 했던 것처럼 오늘날의 노동자들도 끊임없이 일을 해야 해. 생계를 유지하려면 일을 해야 하지만 인간은 기계가 아니라는 사실을 명심해야 하지. 적당한 휴식 시간이 필요하고 노동에 대한 정당한 대가가 주어져야 하며 근무 환경은 안전해야 해. 노동자들에게 노동 3권이라는 권리가 주어진 것은 인간다운 생활을 보장받기 위해서야. 이 책을 읽는 독자들 중에서 어떤 이들은 지금 노동 현장에 있을 수도 있고 어떤 이들은 가까운 미래에 어떤 형태로든 일을 하게 될 거야. 어떤 일을 하든지 자기 스스로를 인간답게 대하고 권리를 누리고 다른 이들과 나누겠다는 마음을 품는 게 중요할 것 같아. 일 자체를 내일을 위한 내 일로 여기고 자신만의 방식으로 자기답게 해 나갈 수 있다면 일은 형벌이 아니라 축복이 될 수 있을 거야.

1892년 노동자들의 시위 현장.
시시포스의 저주는 현대인들에게도 적용되는 듯하다.
끊임없이 굴러 내려오는 바윗돌을 밀어 올리듯
노동의 시간은 반복되고 끝이 나지 않는다.

딱
한 입만….

Tantalos
탄탈로스

그리스 비극에 자주 등장하는
저주 받은 탄탈로스 가문의 시조.
신들의 총애를 받았으나 오만에 빠져 천기를 누설하고
신들을 시험하다 영원한 형벌을 받게 된다.

탄탈로스와
그 가족에게 내려진 벌은
합당한가?

탄탈로스는 리디아 지역의 왕이었어. 탄탈로스는 땅 부자이기도 했는데, 땅이 얼마나 넓은지 모두 돌아보는 데 꼬박 12일이 걸릴 정도였다고 해.

탄탈로스는 올림포스의 신들과 친해서 종종 신들의 식사 자리에 초대를 받았어. 신들의 식탁은 인간들의 식탁과는 차원이 달랐어. 온갖 산해진미가 가득했는데, 대표적인 게 신들의 음식인 암브로시아(Ambrosia)와 넥타르(Nectar)야.

탄탈로스는 식탁에서 몰래 암브로시아와 넥타르를 훔쳤어. 아무리 왕이라고 해도 신들의 식사에 초대받는 건 드문 일이잖아. 그 사실을 주변 사람에게 자랑하고 싶었고 그러려면 신들과 식사를 했다는 증거가 필요했지.

지상에 내려온 탄탈로스는 친구들을 불러서 잔치를 열었어. 신들의 음식인 암브로시아와 넥타르가 나오자 그의 친구들은 탄탈로스를 부러운 눈으로 쳐다봤어.

우쭐해진 탄탈로스는 한발 더 나가서 신들의 식사 자리에서 들은 비밀들을 친구들에게 신나게 이야기했어.

"제우스 신이 이번에 또 바람을 피다가 걸렸는데, 그게 누구냐면…."

이때까지만 해도 탄탈로스에 대한 신들의 분노가 그렇게 크지는 않았어. 그런데 탄탈로스가 신들을 집으로 초대한 날 아주 큰 사건이 발생해.

신들과 자주 어울리다 보니 탄탈로스는 신들도 자신과 별반 다르지 않다는 생각이 들었어. 신은 전지전능하다고 하는데 그 말이 맞는지 의심이 들기도 했지. 그래서 신들을 초대한 식사 자리에 도저히 먹을 수 없는 걸 음식인 것처럼 꾸며서 내놓았어. 신들이 음식의 정체를 알아내는지 확인해 보고 싶었던 거야.

신들은 탄탈로스가 내놓은 게 먹을 수 없는 것이라는 사실을 간파했어. 탄탈로스의 오만함을 더 이상 봐줄 수 없었던 신들은 그에게 벌을 내리기로 했지. 탄탈로스가 음식으로 장난을 쳤기에 신들은 음식과 관련된 벌을 내려. 바로 탄탈로스가 다시는 음식을 먹지 못하도록 만든 거지.

탐스러운 과일이 달린 나무에 탄탈로스가 팔을 뻗으면 나뭇가지가 저 멀리 달아나서 과일을 손에 잡을 수 없었어. 물도

마시지 못했지. 물을 마시려고 호수에 빠져도 탄탈로스 주변의
물이 바짝 말라 버렸거든.

탄탈로스는 허기와 극심한 갈증에 시달렸어. 탄탈로스를
더욱 힘들게 한 건 신들의 저주를 받기 전에 신들의 음식을 많
이 먹은 탓에 영원히 죽지 않는 영생을 얻었다는 점이야. 극심
한 고통 속에서, 죽을 수도 없는 운명이 시작된 거야.

신들은 탄탈로스 한 명이 고통받는 걸로는 분이 풀리지
않아 탄탈로스의 가족들에게도 저주를 내렸어. 그 저주는 탄탈
로스의 가족들이 서로를 미워하고 죽이는 것이었어. 이 무서운
저주 때문에 탄탈로스 가문은 100년이 넘는 시간 동안 가족들
끼리 서로 죽이고 죽는 끔찍한 불행을 겪었어.

탄탈로스가 잘못을 저지른 건 사실이고 잘못을 하면 벌을
받아야 해. 그런데 그렇다 해도 그 벌이 지나친 건 아닌지 생각
해 볼 필요가 있어. 신화 속 이야기니까 그럴 수 있다고 넘어가
지 말고, 지금부터는 범죄자의 인권 관점에서 탄탈로스의 이야
기를 들여다보도록 하자.

범죄가 일어나면 경찰이나 검찰은 사건이 일어난 과정을
살펴보고 수사를 해. CCTV를 확인하거나 범죄 현장에 남아
있는 여러 증거들(지문, 머리카락, 발자국 등)을 확보하여 범인이
누군지를 알아내는 게 수사의 핵심이야. 수사기관이 범인으로
지목해서 수사를 받는 사람을 피의자라고 불러.

탄탈로스의 비극을 그대로 재현한 그림.

피의자는 변호사의 도움을 받을 권리가 있어. 피의자가 변호사를 선임할 수도 있지만 만약 경제적으로 어려워서 변호사를 선임할 돈이 없으면 국가가 돈을 내서 대신 변호사를 선임해 주기도 해. 국가가 선임한 변호사를 국선변호인(國選辯護人)이라고 부르지.

그런데 이런 변호 제도에 문제가 있다고 생각하는 사람들도 있어. 범죄자는 그에 합당한 벌을 받아야 하는데 변호사의 도움을 받는 건 불공정하다고 생각하는 거지. 나쁜 짓을 한 사람이 유능한 변호사의 도움을 받아 벌을 받지 않거나 아주 가벼운 처벌을 받는다는 건 영화나 드라마에 자주 나오는 내용이기도 해.

과연 피의자가 변호사의 도움을 받게 하는 건 정말 잘못된 걸까?

우선 피의자의 개념을 정확히 들여다볼 필요가 있어. '피의자(被疑者)'라는 한자어를 의미 그대로 풀면, 의심을 뒤집어쓴 사람이라는 뜻이야. 그렇다면 피의자는 범인일까? 범인일 가능성도 있지만 범인이라고 단정하기는 어려워. 범인인지 아닌지를 가리는 역할은 경찰이나 검찰이 아니라, 법원의 역할이야. 범죄에 관한 재판을 형사재판이라고 하는데, 형사재판을 해서 법원의 판사가 유죄 판결을 선고해야 범인이 되는 거야. 재판이 끝나기 전까지 그 사람은 '범죄자로 의심을 받는 사람'

인 거지. 형사재판에서 유죄 판결이 확정되기 전까지는 함부로 범인 취급을 해서는 안 되는데, 이걸 '무죄추정(無罪推定)의 원칙'이라고 불러. 무죄추정의 원칙은 워낙 중요한 개념이라 헌법에도 규정되어 있어.

형사재판은 절차가 꽤 복잡할 뿐만 아니라 법 자체도 내용이 어려워서 법을 전문적으로 공부하지 않은 보통 사람이 형사재판을 혼자서 대응하는 건 쉬운 일이 아니야. 그래서 법률 전문가인 변호사의 도움이 필요한 거지. 형사재판에서 변호사의 활동은 피의자에게 특혜를 주는 게 아니라 피의자가 억울하게 범인으로 몰리는 걸 방지하는 거야.

약촌오거리 살인사건이라고 들어 봤어? 2000년 8월 전라북도 익산시의 약촌오거리에서 택시 기사 한 명이 살해된 채로 발견돼. 경찰은 오토바이로 배달 일을 하던 A씨를 범인으로 지목했어. A씨는 유죄 판결을 받고 10년 동안 교도소에 갇혀 있었지. 그런데 놀라운 사실은 실제 범인은 A씨가 아니라는 거야. 오랜 시간이 지난 뒤에야 진범이 잡혔어.

A씨는 억울한 옥살이를 한 셈이지. 이 사건을 통해 알 수 있는 사실은 수사의 결과가 100% 정확하지 않을 수 있고, 피의자가 범인이 아닐 가능성도 충분히 있다는 점이야. 그런데 재판에서 피의자가 변호사의 도움을 받지 못한다면 재판에 제대로 대응할 수 없고 자칫 잘못하면 억울하게 범인으로 몰릴 수

도 있어.

피의자가 범죄를 저지른 게 사실이라 하더라도 변호사의 역할은 중요해. 아무리 범인이라 하더라도 범죄에 합당한 처벌이 이뤄져야 하고 과도한 처벌을 해서는 안 되는데, 적정한 처벌이 내려지도록 돕는 게 변호사의 일이야.

범죄 관련 기사에는 이런 댓글이 달리는 경우가 많아.

"저런 인간은 당장 사형시켜야 한다."

물론 살인, 강도처럼 끔찍한 범죄를 저지른 흉악범은 강력한 처벌을 해야 해. 하지만 모든 범죄에 대해서 무조건 무겁게 처벌하는 게 능사는 아니야. 무거운 처벌을 내린다고 해서 범죄가 없어지는 것도 아니고. 오히려 사소한 범죄에 과도한 처벌을 하면 사회적 혼란을 가중시킬 우려가 있어. 저지른 범죄의 무게에 맞게 처벌을 해야 하는데, 법원은 다음과 같은 요소를 두루 살펴서 어떤 처벌을 할지를 결정해.

⚡ 실수로 저지른 범죄인가, 의도적으로 저지른 범죄인가?
⚡ 그 범죄를 저지른 게 처음인가, 그전에도 비슷한 범죄를 저지른 적이 있나?
⚡ 피해자가 가해자를 용서했는가, 용서하지 않았는가?

누구나 자신의 행동에 대해 책임을 져야 하는데, 이걸 '자기책임(自己責任)의 원칙'이라고 불러. 범죄를 저지르면 처벌을 받는 것도 자기책임의 원칙에 따른 거야. 그런데 자기책임의 원칙에는 '다른 사람의 잘못에 대해서는 책임지지 않는다'는 뜻도 숨어 있어. 제 잘못이 아닌 일에 대해서는 책임을 지지 않는다는 건 당연한 상식인데, 예전에는 그게 잘 지켜지지 않았어. 예를 들어, 가족 중에 누군가 큰 잘못을 저지르면 다른 가족들도 같이 처벌하는 거지. 이렇게 범죄자가 아닌 사람까지 같이 묶어서 처벌하는 제도를 '연좌제(緣坐制)'라고 해. 물론 지금 연좌제는 금지되어 있어.

탄탈로스가 잘못을 저지른 건 맞아. 신들의 음식을 훔치고 먹지 못할 음식을 대접한 행동은 분명히 비난을 받을 만해. 하지만 그에게 내려진 처벌의 수위는 합당할까? 구체적으로 살펴보자.

우선 탄탈로스는 재판을 받지 않았어. 자신의 행동을 변호할 기회가 전혀 없었지. 신들은 재판도 없이 바로 벌을 내렸는데 그 벌은 영원히 배고픔과 갈증에 시달리는 거였어. 탄탈로스가 저지른 일에 비해 영원히 고통을 겪게 하는 벌은 좀 지나치지.

또한 탄탈로스만 벌을 받은 게 아니라 그 가족들도 함께 벌을 받았어. 탄탈로스의 가족들은 아무런 잘못을 하지 않았는데 서로 죽이고 죽는 저주를 받았으니 이건 자기책임의 원칙에 어긋나는 일이야.

고사성어 중에, 지나친 것은 모자란 것보다 나쁘다는 뜻의 '과유불급(過猶不及)'이란 말이 있어. 형벌도 마찬가지야. 죄를 지은 사람에게는 그 사람이 저지른 범죄에 맞는 합당한 벌을 내려야 해.

Antigone
안티고네

오이디푸스의 딸.
안티고네는 '꺾이지 않는' '거슬러 걷는 자'라는 뜻이다.
훗날 안티고네의 행보를 보면 안티고네가
그 이름의 의미대로 살았다는 사실을 알게 된다.

안티고네는 무엇을 위해
목숨을 던졌을까?

오이디푸스 왕이 비극적인 죽음을 맞이하자 테바이에는 새로운 왕이 필요했어. 오이디푸스에겐 두 아들 폴리네이케스(Polyneices)와 에테오클레스(Eteocles)가 있었는데 서로 왕이 되겠다고 고집을 부리는 바람에 문제가 생겼지. 두 사람은 테바이의 왕권을 놓고 죽을힘을 다해서 싸웠지만 두 사람의 혈투는 허무하게 끝나고 말아. 전쟁 중에 두 사람 모두 죽고 말았거든.

이후 테바이의 권력을 손에 쥔 사람은 오이디푸스의 처남인 크레온(Creon)이야. 왕의 자리에 오른 크레온이 제일 먼저 한 일은 폴리네이케스를 반역자로 규정하는 거였어. 테바이를 공격했다는 이유였지. 그러고는 이렇게 엄포를 놓아.

"폴리네이케스의 시체를 매장하지 말고 들판에 내버려 두라. 누구든지 이 명령을 어기면 사형에 처하겠다."

테바이 사람들은 크레온의 말을 따랐어. 왕이 내린 어명을 어겼다가는 목숨을 부지하기 어려웠기 때문이지. 하지만 딱 한 사람이 크레온의 왕명을 어겼는데, 그게 누구였을까?

그 사람은 바로 안티고네야. 안티고네는 오이디푸스의 딸이자 폴리네이케스와 에테오클레스의 여동생이지. 당시 그리스 문화에 따르면 죽은 가족을 매장하고 장례를 치르는 건 가족이 당연히 해야 할 의무이자 도리였어. 정치적인 문제를 떠나 폴리네이케스는 안티고네에게 소중한 오빠였는데 혈육의 장례도 치르지 않고 시체를 방치하는 걸 용납할 수 없었지. 그게 아무리 왕이 내린 명령이라고 하더라도.

안티고네는 몰래 성을 빠져나가 오빠 폴리네이케스의 장례를 치렀어. 하지만 곧 크레온이 안티고네가 한 일을 알게 되었어. 왕궁은 발칵 뒤집혔고 크레온은 안티고네를 당장 잡아들이라고 명령해. 안티고네가 잡혀 오자 화가 머리끝까지 난 크레온은 호통을 쳤지.

"감히 내 명령을 어겨? 왕이 내린 명령은 곧 국법인데 너는 그 국법을 어겼으니 벌을 받아 마땅하다!"

분위기는 아주 살벌했어. 크레온의 말 한마디면 안티고네는 당장 목숨을 잃을 수 있었지. 보통 사람이었다면 잘못했으니 목숨만은 살려 달라고 빌었을 테지만, 안티고네는 달랐어. 고요한 정적을 깬 뒤 그녀는 결연한 목소리로 말했어.

폴리네이케스의 장례를 치르는 안티고네.
안티고네의 깊은 슬픔이 묻어난다.

"왕의 명령이니 국법이라고 할 수 있습니다. 하지만 국법보다 더 우선하는 법이 있습니다. 바로 신이 내린 법입니다. 신의 법에 따르면 가족의 장례를 치르는 건 당연합니다. 저는 국법보다 더욱 중요한 신의 법에 따른 것이니 죄가 없습니다."

안티고네는 차분하게 주장을 펼쳤고, 그 말을 들은 크레온은 더 화가 났어. 결국 크레온은 안티고네에게 사형을 선고했어. 크레온은 안티고네를 산 채로 무덤에 가둔 뒤 물과 음식을 전혀 주지 않았어. 굶겨 죽일 생각이었던 것이지. 크레온이 바라는 대로 죽는 게 싫었던 안티고네는 결국 목을 매고 자살했어.

목숨을 걸고 오빠의 장례를 치른 안티고네는 가족에 대한 뜨거운 애정을 보여 줬어. 그런데 그게 전부가 아니야. 안티고네는 왕인 크레온에게 정면으로 도전했고, 왕명을 어기면 어떤 후폭풍이 불지 스스로 잘 알고 있었어. 목숨을 바치면서까지 안티고네가 하려던 말은 이런 게 아니었을까?

"왕이 권력을 가졌다고 해서 왕의 말이라면 무조건 들어야 합니까? 왕의 명령이 인간의 기본적인 도리마저 지키지 못하게 할 정도로 잘못된 것이라면 따르지 않는 게 맞습니다."

안티고네의 주장은 왕의 권력에 한계를 두었다는 점에서 사회계약설(社會契約說)과 일맥상통하는 점이 있어. 사회계약설은 국가가 생겨난 이유와 국가와 국민 사이의 관계가 어떠해야 하는지에 관한 이론이야. 사회계약설이 나오기 전에, 사람들은 신이 왕을 선택했다고 믿었어. 이런 주장을 왕권신수설(王權神授說)이라고 부르는데, 신이 왕에게 권력을 부여했다는 의미야. 절대적인 존재인 신이 직접 왕으로 뽑아 권력을 부여했다고 하니, 국민들은 왕의 명령에 이의를 제기하기 어려웠지.

하지만 사회계약설은 왕권신수설과 달라. 사회계약설에 따르면, 왕이 권력을 누리는 이유는 개인들과 국가가 계약을 맺었기 때문이야. 조금 더 상세하게 설명을 해 볼게.

무언가의 쓸모를 알기 위해서는 그것이 없는 상태를 생각해 보면 돼. 예를 들면 칼의 용도는 칼 없이 요리를 해 보면 알 수 있지. 마찬가지로 국가가 존재하는 이유를 알기 위해서는 국가가 없는 상황을 가정해 보면 되겠지? 사회계약론자들은 국가 성립 이전의 상태를 자연 상태(自然 狀態)라고 불렀어. 그들이 생각한 자연 상태의 모습이 모두 똑같지는 않지만 어딘가 부족함이 많은 불완전한 상태라는 점은 동일해. 국가라는 질서가 없으니까 혼란스럽고 문제도 많았던 거지. 경찰을 통해 치안을 유지하는 것도 국가의 중요한 역할인데, 경찰이 없다면 범죄가 증가해서 위험이 커진다는 걸 생각해 보면 자연 상태가 어떤지 짐작이 갈 거야. 요약하자면, 개인들이 국가를 만든 뒤 왕과 계약해서 왕에게 권력을 주는 대가로 개인들을 위해 잘 사용해 달라고 요청했다는 게 사회계약론자들의 주장이야.

왕과 개인들 사이에 계약이 성립된 거지.

사회계약설은 아주 중요한 의미가 있어. 그건 바로 왕과 국민의 관계를 보는 관점을 바꾸었기 때문이야. 왕권신수설에서 왕은 절대적인 존재이지만, 사회계약설에서 왕은 국민과 계약(약속)을 맺은 사람에 불과해. 계약은 서로 간의 약속인데 한쪽이 약속을 지키지 않으면 계약을 파기할 수가 있어. 물건을 샀는데 그 물건에 문제가 있으면 환불을 받는 것과 비슷한 거지.

사회계약설을 주장한 대표적인 학자인 존 로크(John Locke)는 '저항권(抵抗權)'을 강조했어. 저항권이란 말 그대로 저항할 수 있는 권리를 의미해. 국민은 국가의 명령에 무조건 순종해야 하는 게 아니라, 반기를 들 수 있는 권리가 있다는 거지. 다시 말해 국가나 왕은 국민을 보호하고 개인의 삶을 좀 더 안전하고 풍요롭게 만들기 위해 존재하는 것이고, 그러지 않을 경우 국민이 저항할 수 있다는 게 존 로크의 생각이었어. 그런데 왕이 개인의 자유를 억압하고 권리를 부당하게 침해한다면? 그런 왕은 필요가 없으니 국민은 폭압적 왕을 교체하고 다른 왕을 세울 수도 있는 거야. 굉장히 획기적인 생각이지.

왕이 국가를 통치하는 왕정 시대에는 저항권 행사의 대상이 왕이었지만 지금처럼 왕이 없는 시대에는 저항권의 개념이 확장되었어. 지금은 불합리한 사회제도를 거부하고 악법을

따르지 않는 것도 저항권 행사의 일종이라고 봐. 로자 파크스
(Rosa Parks)는 저항권이 무엇인지를 온몸으로 보여 준 대표적
인 인물이야.

평범한 근로자였던 그녀를 현대 시민권 운동의 어머니로
만든 계기가 된 사건은 1955년 미국 앨라배마주의 몽고메리에
서 일어났어. 백화점에서 근무를 마친 로자 파크스는 버스를
탔어. 그 당시 미국은 노예제도가 폐지된 뒤였지만 여전히 흑
인에 대한 차별과 멸시가 만연했
고 버스에도 백인 좌석과 유색인
좌석이 구분되어 있었어. 로자 파
크스는 유색인 좌석에 앉아 있는
데 백인 좌석이 모두 차서 백인 한
명이 서 있게 되자 운전기사는 그
에게 자리를 양보하라고 요구했
어. 하지만 그는 이렇게 생각했어.

흑백분리법에 반대하여, 침묵하
는 다수의 흑인들을 움직이게 만
들었던 로자 파크스.

'왜 흑인이 백인에게 자리를
양보해야 하는 거지?'

가만 생각해 보니 굳이 양보할 이유가 없었던 거야. 자리
에 앉아서 편하게 가고 싶은 건 흑인도 마찬가지니까. 결국 로
자 파크스는 자리를 양보하지 않았고 그녀는 경찰에 체포되었
어. 이건 단순히 버스 자리에 누가 앉느냐에 관한 문제가 아니

었어. 그녀의 행동은 인종 차별에 대한 반발이었어. 흑인은 당연히 백인의 편의를 위해 불편을 감수해야 한다는 그릇된 통념과 사회제도에 대한 용기 있는 저항이었지. 이 일을 계기로 대대적인 버스 승차 거부 캠페인이 일어났고, 흑인의 인권을 증진하기 위한 시민운동으로까지 이어졌어.

부당한 권력에 대한 저항이 서양에서만 있었던 건 아냐. 우리 역사에도 저항권이 행사된 사례를 찾을 수 있는데 대표적인 사례가 4·19혁명이지. 4·19혁명은 온 국민이 비민주적인 정부에 맞서 싸워서 정부를 교체한 민주주의 혁명이야. 이 일이 일어난 건 우리나라 초대 정부인 이승만 정부 때야.

4·19혁명의 직접적인 도화선 역할을 한 것은 1960년에 실시된 대통령 선거였어. 당시 우리 국민들은 이승만 정권과 자유당에 대한 반감이 상당했어. 그도 그럴 것이 이승만 정권은 온갖 꼼수를 쓰면서 헌법을 개정한 뒤 종신집권을 시도했고 부패하고 무능한 모습만 보여 줬거든. 이대로 선거를 치르면 선거에서 패배할 거라는 위기감을 느낀 자유당은 대대적인 부정선거를 감행했어. 투표함을 바꿔치기하고 투표 수를 조작하기까지 했지. 선거 결과는 이승만 후보가 대통령으로 당선된 것으로 나왔지만, 국민들은 부정선거를 받아들일 수 없었어.

제일 먼저 시위에 나선 건 고등학생들이었어. 그 뒤 시위는 들불처럼 번졌고, 지역과 나이를 불문하고 이승만 정권의

퇴진을 요구하는 목소리가 높아지자 결국 이승만은 대통령 자리에서 물러났어. 국민들이 대통령 자리에서 끌어내린 거지.

저항권이라는 말을 들으니 굉장한 무기가 생긴 것 같지 않아? 저항권은 민주주의를 지키기 위한 소중하면서도 중요한 권리야. 정부의 잘못된 명령을 따르지 않아도 되는 근거를 제시하고, 불합리한 사회제도를 바람직한 방향으로 바꿔 나갈 수 있게 해 주니까.

하지만 저항권에서 유의할 게 있어. 권리가 있다고 해서 아무 때나 사용할 수 있는 건 아닌데 특히 저항권이 그래. 앞에서도 이야기했듯이 저항권은 기존 질서와 현재의 체제를 뒤집어엎을 수도 있는 강력한 힘이 있어. 그러니 저항권을 행사하면 사회적 혼란이 생길 수밖에 없지. 정치적인 견해가 다르거나 상대방이 마음에 들지 않는다는 이유로 저항권을 핑계 삼아 혼란을 조장하는 행위는 삼가야 해.

Procrustes
프로크루스테스

자기 집에 들어온 손님을 침대에 눕히고
침대보다 키가 크면 다리나 머리를 자르고,
작으면 사지를 잡아 늘여서 죽인 악당.
절대적 기준을 정해 놓고 모든 것을 거기에 맞추려 하는 것을
'프로크루스테스의 침대'라고 부른다.

누가 프로크루스테스의 침대에서 살아남을 수 있을까?

아테네의 왕 아이게우스에게는 큰 고민거리가 있었어. 바로 자신의 뒤를 이어 왕이 될 후계자가 없었던 거지. 고민 끝에 아이게우스는 델포이 신전으로 가서 자식을 얻을 수 있는 방법을 물었어. "아테네로 갈 때까지 포도주 뚜껑을 열지 말라"는 수수께끼 같은 신탁을 받은 뒤 아테네로 돌아가는 길에 아이게우스가 들른 곳은 트로이젠이라는 도시야.

트로이젠의 왕 피테우스(Pitteus)는 아이게우스를 위해 성대한 잔치를 열었어. 아이게우스는 거나하게 취했고, 피테우스의 딸이자 트로이젠의 공주인 아이트라(Aithra)와 잠자리를 가져. 얼마 뒤 아이트라의 임신 소식을 접한 아이게우스는 드디어 후계자가 생겼다며 매우 기뻐했지만 계속 트로이젠에 있을 수는 없었어. 아이게우스는 아테네의 왕이었으니까.

트로이젠을 떠나기 전에 아이게우스는 커다란 바위가 있

는 곳으로 아이트라를 데려가서 바위를 들어 올려 칼과 신발을 넣은 다음 말했어.

"나중에 아이가 바위를 들어 올릴 수 있을 만큼 성장하면 아테네로 보내세요. 이 칼과 신발이 내 아들이라는 징표가 될 겁니다."

얼마 뒤 아이트라는 아들을 낳았는데, 그 아이가 바로 테세우스야. 헤라클레스와 함께 아테네 최고의 영웅으로 꼽히는 인물이 탄생한 거지. 테세우스는 어릴 때부터 남달랐고, 열여섯 살이 되자 커다란 바위도 들어 올릴 수 있을 만큼 강한 힘을 갖게 되었지. 테세우스는 아버지 아이게우스가 남긴 칼과 신발을 들고 트로이젠에서 아테네로 여행을 시작했어. 매우 힘들고 위험한 여행이었지. 곳곳에 무시무시한 악당들이 그득했기 때문이야.

테세우스는 여러 악당들을 물리쳤지만 안심할 수는 없었어. 가장 흉악하고 악랄한 악당이 그를 기다리고 있었거든. 악당의 끝판왕은 바로 아테네 인근에 사는 프로크루스테스. 프로크루스테스는 '잡아 늘이는 자'라는 뜻인데, 그 이름은 그가 악행을 저지르는 방식과 연관되어 있지.

프로크루스테스는 여관을 운영했는데, 손님이 들어오면 쇠 침대를 제공했어. 보통 침대는 사람 키보다 크기 마련이잖아. 프로크루스테스는 손님이 침대에 누우면 침대의 크기에 맞도록 몸을 잡아서 늘였어. 멀쩡한 몸을 잡아서 늘리니 손님은 극심한 고통 속에 목숨을 잃을 수밖에 없었지. 침대보다 키가 큰 사람은 괜찮았냐고? 그렇지 않아. 침대보다 키가 큰 사람이 오면 침대를 넘는 신체를 잘라서 죽였거든.

프로크루스테스와 테세우스의 한판 승부는 처음부터 긴장감이 감돌았어. 먼저 공격을 한 건 프로크루스테스야. 테세우스를 잡아서 침대에 눕히려고 팔을 뻗었지만 테세우스는 날렵한 동작으로 피했어. 허를 찔린 프로크루스테스가 당황하는 순간 테세우스가 역공을 펼쳐. 프로크루스테스의 어깨를 잡아서 침대에 눕히는 데 성공하지. 프로크루스테스가 격렬하게 저항했지만 테세우스는 무거운 바위도 거뜬하게 들어 올리는 괴력을 가진 영웅이라 소용이 없었어. 테세우스는 프로크루스테스가 했던 방식대로 프로크루스테스를 침대에 눕힌 뒤 몸을 늘여서 죽였어.

프로크루스테스 이야기를 꺼낸 이유는 민주주의에 대한 이야기를 하고 싶어서야. 도대체 이 악당과 민주주의가 무슨 관계가 있는 걸까?

대한민국의 정치 체제가 민주주의(民主主義)라는 건 누구나 아는 사실이야. 민주주의의 핵심은 국민주권(國民主權)이야. 국민주권은 말 그대로 국가의 주권이 국민에게 있다는 뜻이지. 주권(主權)이 뭐냐고? 주권을 다르게 표현하면 '주인된 권리'라

사회주의를 비판하는 잡지에 실린 삽화.
자유를 침대에 눕히고 재단하는 사회주의자들의 모습을
프로크루스테스의 모습에 비유했다.

고 할 수 있어. 주인은 누군가의 지시를 받아 그 지시대로 따르는 게 아니라 스스로 결정할 수 있잖아. 주권은 국가의 중요한 사항을 최종적으로 결정하는 최고의 권력을 말해. 쉽게 말해 국민주권은 국민이 바로 국가의 주인이라는 뜻이야.

그런데 문제는 국민의 상황이 똑같지 않다는 거야. 국민이라 뭉뚱그려서 말하지만 실제로는 저마다 처해 있는 상황과 생각이 다 달라. 세금 문제를 예로 들어 볼까? 어떤 사람들은 우리나라의 세금이 너무 적다고 생각해. 국가가 세금을 많이 걷어서 그 돈으로 저소득층을 위한 복지 정책을 강력하게 추진해야 한다고 주장하지. 하지만 반대로 생각하는 사람들도 있어. 지금도 세금이 지나치게 높아 개인과 기업들의 경제활동이 위축되니 오히려 세금을 대폭 줄여야 한다는 거지.

어느 한쪽의 생각이 맞다고 단정적으로 말하기는 어려워. 우리 주변에서 일어나는 대부분의 사회 문제는 찬반양론이 존재해. 어떤 문제가 있을 때 결론을 내리는 건 매우 중요한 일이지만, 그 못지않게 중요한 것이 결론을 도출하는 과정이야.

이렇게 생각이 다를 때는 어떻게 해야 할까? 힘으로 해결하는 건 가장 후진적인 방법이야. 최선의 방법은 토론을 하는 거야. 각자의 생각과 그 근거를 밝히고 머리를 맞대어 같이 고민하면서 합리적인 해결책을 찾아내는 게 바로 민주주의라고 할 수 있어.

그런데 현실에서는 민주주의가 제대로 작동하지 않는 경우를 많이 봐. 그 이유가 뭘까? 여러 요인이 있겠지만, 편 가르기와 아집이 주된 요인인 것 같아.

어린 시절 만화영화를 볼 때면 악당이 누구인지 우리 편이 누구인지를 아는 게 중요했어. 그래야 주인공에 감정이입을 할 수 있고 만화영화를 재밌게 즐길 수 있었거든. 머릿속에 '주인공(선한 영웅)=우리 편(우군)=응원할 대상' '악당=상대편(적군)=물리칠 대상'의 등식이 강력하게 자리하고 있었던 거지. 하지만 점점 나이가 들고 경험이 쌓이면서 실제 세상은 만화영화 속의 세상과 다르다는 걸 깨닫게 돼.

물론 현실세계에도 선과 악이 존재하고, 우리 편과 상대편도 있어. 하지만 우리 편이 항상 선한 건 아니고 우리 편도 나쁜 짓을 저지르곤 하지. 선과 악의 경계가 분명하지 않을 뿐만 아니라 세금을 둘러싼 논쟁처럼 선과 악의 문제로 보기 어려운 일도 많아.

그런데 세상을 이분법의 시각으로 보면 세상은 우군과 적군으로 구분되니 늘 싸움을 할 수밖에 없어. 대표적인 사례로 제2차 세계대전 이후의 냉전을 들 수 있어. 여러 나라들이 한꺼번에 전쟁을 벌이는 걸 세계대전이라고 하는데, 지금까지 두 번의 세계대전이 있었어. 제2차 세계대전은 1939년부터 1945년까지 일어났는데 독일, 이탈리아, 일본을 중심으로 한 국가들과 영국, 프랑스, 미국, 소련, 중국 등을 중심으로 한 연합국 사이에 벌어진 전쟁이야. 제2차 세계대전은 연합국의 승리로 끝났지만 그렇다고 전쟁이 완전히 끝난 건 아니었어. 냉전이 시작되었거든. 냉전(冷戰, cold war)은 열전(熱戰)과 대비되는 말이야. 직접 무기를 사용하는 열전과 달리 냉전은 무기 없이 싸우는 전쟁이야. 실제로 상대방을 공격하지는 않지만 서로 적대적인 관계를 유지하며 냉랭하게 치열한 신경전을 벌여서 그런 이름이 붙은 거야.

냉전을 벌인 두 주인공은 자본주의 진영과 사회주의 진영이야. 미국을 중심으로 한 자본주의(資本主義) 진영은 개인의 자유와 시장경제체제를 중시하는 데 반해, 소련(현재의 러시아) 중심의 사회주의(社會主義) 진영은 평등한 사회와 계획경제체제를 강조했어. 두 강대국이 심하게 싸우니 다른 나라들도 어느 한쪽 편을 들어야 했어. 우리나라가 남북으로 갈라지게 된 것도 냉전의 영향이라고 볼 수 있지.

아군과 적군을 나누고 자신과 생각이 다른 사람은 무조건 적으로 보고 싸우려는 태도는 심각한 문제를 낳아. 이분법과 흑백논리에 사로잡힌 사람들은 눈과 귀를 막은 채 입만 열거든. 상대편은 곧 적이고 적이 하는 말은 무조건 잘못된 것이니 들으려고도 하지 않아.

독단에 사로잡혀 자신과 다른 생각을 재단하고 공격하는

사람들의 모습을 보면 떠오르는 인물이 있지 않아? 맞아, 바로 프로크루스테스야.

프로크루스테스에게는 침대 크기와 그 침대에 누운 사람의 키가 똑같아야 한다는 확고한 기준이 있었어. 하지만 그 기준은 옳지 않지. 사람의 키는 모두 달라. 그리고 침대 공간이 좀 남거나 부족하다고 해서 문제가 되는 것도 아냐. 약간의 불편함이 있을 수 있지만 그건 침대에 누운 사람이 감당해야 할 몫이지.

사람의 키에 침대를 맞추는 게 아니라 침대의 크기에 사람을 맞추겠다는 건 본말이 전도된 거야. 그리고 그 크기를 맞추기 위해서 몸을 억지로 늘이거나 흉기로 몸을 자른다는 건 매우 폭력적이고 야만적이지.

프로크루스테스에게 침대 크기와 사람의 키가 같아야 한다는 아집이 있듯이, 편 가르기를 좋아하는 사람들에겐 우리 편은 항상 옳고 상대편은 항상 틀리다는 확고한 믿음이 있어. 그래서 오늘날 '프로크루스테스의 침대'는 독선과 아집의 폐해를 지적할 때 자주 사용되는 비유야. 자신의 생각만 옳다고 여기며 다른 사람의 생각을 억지로 바꾸려 하거나 다른 사람에게 피해를 주면서까지 자신의 주장을 굽히지 않는 횡포를 꼬집는 용어인 거지.

세상엔 정말 다양한 사람들이 존재해. 생김새도, 생각도,

자라 온 환경, 취향도 다 다르지. 이렇게 다양한 사람들이 함께 살다 보면 갈등이 생기기 마련이야. 하지만 다양성은 사회를 활기 넘치게 만드는 요소이기도 해. 자연이 아름다운 건 다양한 생물이 조화를 이루고 있기 때문이듯이, 서로 다른 사람들이 모여 살아서 세상이 아름다운 거야. 나와 다르다는 이유로 손가락질을 하거나 내 기준에 맞추려 하지 않고 열린 마음으로 상대방을 이해하려는 노력을 한다면 세상은 지금보다 훨씬 평화로워질 거야.

Apollon
아폴론

다재다능할 뿐만 아니라
얼굴까지 잘생긴 엄친아의 조상.
델포이에서 신탁을 내리는 신으로도 유명하다.

월계관은 누구에게
씌워 줘야 할까?

올림포스 12신 중의 한 명인 아폴론은 다방면으로 능력이 뛰어난 신이었어. 그는 태양의 신이면서 뛰어난 음악가이기도 했어. 궁술 실력도 탁월해서 활을 쏘면 백발백중이었지. 미래를 내다보는 예언 능력과 병을 고치는 의술까지 갖췄으니 이 정도면 소위 '사기캐'라고 할 수 있어. 능력이 뛰어난 만큼 자존심도 엄청 셌지.

어느 날 아폴론은 에로스(Eros)가 작은 활을 들고 가는 걸 보고 큰 소리로 비웃었어.

"그렇게 작은 활로 토끼라도 잡을 수 있을지 모르겠네."

그러고는 에로스 보란 듯이 자신의 크고 강한 활을 꺼내서 활시위에 건 뒤 날렸어.

아폴론의 조롱을 받은 에로스는 기분이 매우 상해서 복수를 하기로 마음을 먹었지. 에로스는 사랑의 신(로마신화에서는 큐피드라고 불러)인데, 에로스에게는 두 개의 화살이 있었어. 황금으로 된 화살을 맞으면 상대방과 깊은 사랑에 빠지지만, 납으로 된 화살을 맞으면 누구도 사랑하지 않게 되지.

에로스가 아폴론을 혼내 주려고 준비하고 있는데, 숲의 요정인 다프네(Daphne)가 아폴론 앞을 지나가는 걸 봤어. 이때다 싶었던 에로스는 두 개의 화살을 쐈어. 다프네에게는 납으로 된 화살을 쏘고, 아폴론에게는 황금으로 된 화살을 쏜 거지. 두 개의 화살은 다프네와 아폴론에게 모두 명중했어.

화살의 효과는 곧 나타났어. 아폴론은 다프네에게 한눈에 반해서 다프네를 깊이 사랑하게 되었어.

"아름다운 다프네, 나는 당신이 없으면 못 살 것 같아요. 부디 나의 마음을 받아줘요."

아폴론은 절절하게 고백했지만, 다프네의 반응은 냉랭했어. 에로스의 납 화살이 다프네의 마음을 차갑게 만들었기 때문이지.

아폴론의 끈질긴 구애에도 다프네가 마음을 열지 않자, 아폴론은 강제로라도 다프네를 갖겠다고 결심했어. 그 사실을 알게 된 다프네는 도망을 쳤지. 다프네는 젖 먹던 힘까지 짜내서 달렸지만 아폴론의 속도를 당해 낼 수는 없었어. 아폴론이 다프네를 잡으려는 일촉즉발의 상황에서 다프네는 대지의 여신 가이아(Gaia)에게 간절하게 기도했어.

"땅의 여신이자 신들의 어머니인 가이아 신이시여, 부디 저를 구해 주세요. 아폴론에게 잡히지 않을 수만 있다면 목숨을 잃는 것도 아깝지 않습니다."

다프네의 기도가 얼마나 간절했던지, 가이아도 그 기도에 응답했어.

아폴론이 다프네의 몸을 잡는 순간 다프네의 몸은 굳어 갔어. 두 발은 땅에 딱 붙었고, 발바닥에서는 뿌리가 나왔어. 피부도 조금씩 딱딱해지더니 나무껍질이 온몸을 뒤덮었고 두 팔에서는 나뭇가지들이 뻗어 나왔지.

가이아 여신은 다프네를 나무로 변신시켰는데, 그 나무가 바로 월계수(月桂樹, laurel)야. 월계수는 긴 타원형의 짙은 녹색 잎을 가진 식물이야.

월계수로 변한 다프네를 본 아폴론은 깊은 슬픔에 빠졌어. 그 뒤로 아폴론은 월계수를 자신의 성수(聖樹)로 삼고, 왕관 대신 월계수 가지를 엮은 관(월계관)을 썼어.

이후로 월계관은 영광과 명예의 상징으로 사용되고 있어. 고대 그리스에서는 스포츠 경기의 승리자나 전쟁에서 승리한 영웅에게 월계관을 씌워 줬어. 영국 왕실은 시인 중에 가장 뛰어난 사람을 뽑아 계관시인(桂冠詩人, poet laureate)이라는 칭호를 내리는데, 이 명칭은 뛰어난 시인에게 월계관을 씌워 준 데서 유래한 거야.

다프네와 아폴론.
아폴론이 다프네의 몸에 손을 댄 순간
다프네는 나무로 변하기 시작했다.

월계수의 본래 의미와는 무관하게, 현대에도 여전히 월계수는 영광의 상징으로 많이 사용되고 있는데 대표적인 사례가 올림픽이야.

고대 그리스의 전통에 따라 예전에는 올림픽에서 뛰어난 성적을 거둔 사람에게 월계관을 씌워 줬어. 1936년에 베를린 올림픽 대회에 참가해 마라톤에서 우승한 손기정 선수의 사진을 보면 월계관을 쓴 모습을 확인할 수 있어. 지금은 올림픽 우승자에게 월계관을 씌워 주지는 않지만, 여전히 월계관은 올림픽과 밀접한 관련이 있어. 국제올림픽위원회(IOC)가 스포츠를 통해 교육·문화·개발 등의 분야에서 뛰어난 성과를 보인 인물에게 주는 상도 올림픽 월계관상(Olympic Laurel)이야.

올림픽은 월드컵과 함께 전 세계인들에게 가장 인기 있는 스포츠 대회야. 우리나라 선수가 막판에 승리를 거둘 때의 짜릿함은 이루 말할 수가 없어. 올림픽 시상식에서 애국가가 울려퍼지고 태극기가 높이 솟아 올라가는 모습을 보면 저절로 애국심이 샘솟고 대한민국 국민이라는 사실에 뿌듯함을 느끼기도 해.

흔히 올림픽은 전 세계인들이 함께 즐기는 축제라고 불려. 하지만 항상 밝은 면만 있는 건 아냐. 올림픽을 둘러싼 논란도 많이 있는데, '상업주의(商業主義)'도 그중 하나야. 상업주의의 사전적 의미는 '무엇이든지 돈벌이의 대상으로 보는 영리 위주의 사고방식'이야. 2021년 개최된 도쿄올림픽도 상업주의에 물들었다는 비판이 많았어.

철인 3종 경기는 수영, 사이클, 마라톤을 연이어 실시하는 경기인데, 도쿄올림픽에 출전한 철인 3종 경기 선수들이 경기를 마친 뒤 구토를 하며 쓰러지는 상황이 속출했어. 테니스, 양궁, 마라톤 경기에서 선수들이 열사병으로 쓰러지거나 경기를 포기하는 일도 생겼지. 이런 일이 생긴 건 8월의 도쿄가 너무 더웠기 때문이야. 한낮 기온이 35℃ 이상인 상황이니 아무리 체력이 뛰어난 선수들이라고 해도 버텨 내기 어려웠던 거지.

올림픽 개막을 한여름에 하지 않고 날씨가 선선한 시기에 했으면 이런 문제를 막을 수 있었을 거야. 실제로 1964년 도쿄 올림픽 당시 주최 측은 여름 더위를 경계해 10월에 올림픽을 개최하기도 했으니까. 그런데 이번에 일본 정부가 가장 무더운 시기에 올림픽을 개최한 건 돈과 관련이 깊어. 올림픽을 통해 버는 돈의 대부분은 TV 중계료인데, 한여름에 해야 중계 건수가 많아져서 중계료를 많이 받을 수가 있거든. 그래서 돈 때문에 선수들의 안전을 등한시했다는 비판이 나오는 거야.

올림픽이 국가주의(國家主義)와 밀접하게 연관이 있다는 시각도 많아. 국가주의는 국가의 이익을 개인의 이익보다 훨씬 더 중요하게 여기는 생각을 말하는데, 국가나 정치권력을 홍보하는 수단으로 올림픽을 이용한다는 거지. 대표적인 사례로 아

고대 올림픽이 중단된 지 1503년 만에 열린
1896년 아테네 올림픽에서 승자에게 수여된 상장.
파르테논 신전과 여신들, 월계수가 그려져 있다.

돌프 히틀러(Adolf Hitler)를 들 수 있어. 제2차 세계대전을 일으킨 독일의 독재자인 히틀러는 1936년 베를린 올림픽을 정권과 독일(게르만) 민족의 우수성을 알리는 도구로 이용한 대표적인 인물이야.

올림픽 순위가 국가별로 발표되고 금메달 개수에 따라 순위가 정해지다 보니, 선수들은 국가를 위해 금메달을 꼭 따야 할 임무를 부여받은 사람처럼 여겨지기도 했어. 그래서 결승전에서 금메달을 따지 못하고 은메달을 따면, 일부 국민들은 "금메달도 못 따고 뭐 했어?"라고 비난하고 선수는 펑펑 울면서 "금메달을 따지 못해서 죄송합니다"라고 사과하는 일도 있었어.

근데 생각해 보면 참 이상한 일이야. 은메달을 땄다는 건 그 종목에서 세계에서 두 번째로 뛰어난 실력이라는 거니, 그것만 해도 엄청난 일인데 말이야. 금메달을 따지 못해 아쉬운 마음은 보통의 국민보다는 국가대표 선수가 훨씬 커. 그리고 금메달을 꼭 따야 할 의무가 있는 건 아니니 최선을 다한 선수가 죄송해야 할 일은 전혀 아니지.

다행히도 이런 분위기는 바뀌고 있어. 2021년에 개최된 도쿄올림픽의 남자 유도 100kg급 결승에 출전한 조구함 선수는 일본의 울프 아론 선수와 치열한 경기를 벌이다가 패배했어. 경기가 끝나자 조구함 선수는 울프 선수에게 다가가 그의 손을 힘껏 들어 줬어. 상대 선수의 승리를 축하하는 품격을 보여 준 거지. 태권도 경기에 출전하여 세르비아의 밀리차 만디치 선수와 치열한 공방을 벌이다 패배한 이다빈 선수도 경기가 끝난 뒤 만디치 선수에게 다가가 '엄지척'을 해 주며 승리를 축하했어.

챔피언은 대회에서 우승을 한 사람이나 1등을 의미해. 그런데 가수 싸이는 〈챔피언〉이라는 노래에서 챔피언을 조금 다르게 정의했어. "진정 즐길 줄 아는 여러분이 이 나라의 챔피언"이라는 거지.

흔히 올림픽 정신을 세계 평화의 추구라고 말해. 이런 걸 생각하면 우리가 추구해야 할 바람직한 올림픽의 모습은 편 가르지 않고 다 같이 즐기는 축제가 아닐까. 그렇다면 월계관은 꼭 1등을 한 선수만 쓸 수 있는 게 아니라, 결과와 무관하게 경기에 참가하여 최선을 다한 모든 선수들, 그 선수들을 응원하고 경기를 즐긴 관중들도 쓸 자격이 있다는 생각이 들어.

3교시

먹고 사는 문제의
중요성

네이버 로고에 있는 모자가 바로 내 모자!

Hermes
헤르메스

전령의 신이자 여행의 신, 상업의 신, 도둑의 신.
날개 달린 모자를 쓰고 날개 달린 신을 신는다.
신의 세계와 인간의 세계, 지하의 세계를
자유자재로 넘나드는 올림포스 12신 중 한 명이다.

헤르메스는 어떻게
상업의 신이 되었을까?

제우스의 아들로 태어난 헤르메스는 호기심이 왕성한 덕에 태어난 지 얼마 되지 않았을 무렵부터 온 세상을 여행했어. 또한 성격이 급한 편이라 이곳저곳을 쏜살같이 돌아다녔는데, 그러다 풀밭에 웅크린 거북이에게 걸려 넘어지고 말았어.

'이 거북이를 어떻게 한다?'

고민하던 헤르메스에게 좋은 생각이 떠올랐어. 거북이의 속살을 벗겨 낸 뒤 등껍데기에 소가죽을 씌운 후 소의 창자로 만든 줄을 연결했어. 그러자 악기가 되었는데 그게 바로 현악기의 하나인 리라(lyre)야.

그 뒤 언덕을 올라가던 헤르메스는 풀밭에서 한가롭게 풀을 뜯고 있는 소떼를 발견했는데 그때 장난기가 발동했어. 소떼를 훔치면 재밌겠다는 생각이 든 거야. 훔친 소떼를 이끌고 이리저리 돌아다니다 보니 저녁이 되었어. 배가 고파 소 두 마리를 잡아서 먹고 난 뒤 동굴 속에서 잠이 들었어.

헤르메스가 깊이 잠든 그 시각, 자신의 소떼가 없어진 사실을 깨닫고 깜짝 놀란 신이 있었어. 바로 태양의 신 아폴론이야. 소떼가 갑자기 사라진 게 이상했던 아폴론은 누군가 훔쳐 간 게 분명하다고 생각했고 범인을 찾아다녔어. 그러다 헤르메스가 범인이란 걸 알게 되고 동굴로 찾아왔지.

아폴론이 따져 물었지만, 헤르메스는 소떼를 훔치지 않았다고 오리발을 내밀었어. 둘이 이야기해서는 문제가 해결되지 않겠다고 판단한 아폴론은 헤르메스의 아버지인 제우스를 불러서 판단을 내려 달라고 해. 제우스가 재판관이 되어 진실을 가리게 된 거지.

소떼를 절대 훔치지 않았다는 헤르메스의 주장과 헤르메스가 범인이 맞다는 아폴론의 주장이 첨예하게 부딪쳤어. 두 신이 정반대의 이야기를 하니 어떻게 판단을 해야 할지 제우스도 참 곤혹스러웠지. 그때 증인이 한 명 나타났어.

"헤르메스가 소떼를 훔치는 걸 제 두 눈으로 똑똑히 봤습니다."

증인의 진술로 범인이라는 게 밝혀지자 헤르메스는 상당히 당황했어. 자신의 주장이 사실이라는 걸 밝혀낸 아폴론은 불같이 화를 내며 헤르메스를 꾸짖었어. 당장 소떼를 돌려주지 않으면 큰일이 날 것 같은 상황이었지. 하지만 이제 와서 소떼

아폴론이 악기 연주에 빠져 있는 사이
소를 훔치는 헤르메스.

를 돌려주자니 자존심이 상했어.

어떻게 이 상황을 넘길 수 있을까를 고심하던 헤르메스는 무릎을 탁 쳤어. 아폴론이 음악을 사랑하는 신이라는 게 떠올랐던 거야. 헤르메스는 거북이로 만든 리라를 꺼냈어.

"아폴론 신이시여, 이 악기 소리를 들어 보세요. 세상에서 가장 아름다운 소리를 내는 악기랍니다. 이 악기를 드릴 테니, 소떼와 바꾸시죠."

리라 소리는 괜찮았지만 그렇다고 아주 감동적인 건 아니었고, 수십 마리의 소떼와 리라를 바꾸는 건 아폴론 입장에서는 큰 손해라는 생각이 들었지. 아폴론이 헤르메스의 제안을 거절하려는 순간, 제우스가 개입했어.

"헤르메스의 제안이 괜찮아 보이는군요. 웬만하면 제안을 받아들이시죠."

말은 점잖게 했지만 사실상 지시에 가까웠어. 마음에 들지는 않았지만 제우스가 그렇게 하라고 하니 아폴론은 따를 수밖에 없었지.

만약 헤르메스가 리라를 내놓지 않았다면 아주 곤혹스러운 일을 겪었을 거야. 헤르메스는 흥정을 통해 위기를 벗어났고, 그래서 사람들은 헤르메스를 상업의 신이라고 불러. 참고로 헤르메스의 라틴어 명칭인 Mercurius는 '상품'을 뜻하는 영어 단어 'merchandise'의 어원이기도 해.

경제(經濟)는 인간의 생활에 필요한 물건을 만들어서 나누고 쓰는 모든 활동을 의미하는데, 각 나라마다 경제를 운영하는 방식이 달라. 경제 제도는 크게 자본주의와 사회주의로 나눌 수 있어.

자본주의(資本主義)라는 말, 많이 들어 봤지? 자본주의는 기업과 개인의 자유로운 경제활동을 보장한다는 게 가장 큰 특징이야. 사유재산을 인정하기 때문에 기업이나 개인이 각자의 재산을 소유할 수 있고, 열심히 일을 해서 번 돈도 자기 몫이야. 어떤 물건을 얼마나 생산할지는 각자가 알아서 정하고 물건의 가격은 거래가 일어나는 시장에서 정해지기 때문에 자본주의를 시장경제라고 부르기도 해.

그에 반해 사회주의(社會主義)는 기업과 개인의 자유로운 경제활동을 보장하지 않고 정부(국가)가 경제활동을 좌지우지해. 원칙적으로 사유재산은 인정되지 않고 모든 재산은 정부 소유야. 사회주의에서는 물건의 종류, 생산량 등이 정부의 계획에 따라 달라져. 정부의 계획대로 경제가 움직이기 때문에 사회주의를 계획경제라고도 부르지.

오늘날 대부분의 국가들은 자본주의 경제를 유지하고 있는데, 그건 자본주의가 사회주의에 비해 효율적인 부분이 많기 때문이야. 자본주의 사회에서는 노력한 만큼 돈을 벌지만 사회주의 사회에서는 열심히 일을 하든 그렇지 않든 버는 돈이 똑같아. 당연히 자본주의 사회의 사람들이 더 열심히 일을 할 수밖에 없고 사회 전체적으로도 풍요로워지는 거지. 그리고 아무리 유능한 정부라고 해도 어떤 물건이 얼마나 필요한지를 정확하게 예측할 수는 없어. 정부가 세운 계획대로 경제가 운영되지 않는다는 말이지.

자본주의가 뛰어난 경제 제도이기는 하지만 그렇다고 완벽한 제도는 아니야. 개인들이 알아서 자유롭게 경제 활동을 하도록 놔둘 때 생기는 문제도 있는데, 대표적인 것이 불공정거래행위야. 불공정거래행위(不公正去來行爲)는 말 그대로 경제 활동을 하면서 공정하지 못한 행동을 하는 걸 말해.

예를 들어 볼게. '세계최고학원'은 인근에서 수강생이 가장 많은 인기 학원이야. 그런데 '우주최강학원'이 새로 생기고 학생들이 우주최강학원에 몰리기 시작하자 위기감을 느꼈어. 그래서 세계최고학원은 파격적인 시도를 해. 일단 학원비를 절반으로 할인하고 수강생들에게 휴대폰도 하나씩 선물로 줬어. 그리고 우주최강학원에 있던 인기 강사들에게 월급을 두 배로 주겠다는 말로 설득해서 세계최고학원으로 스카우트했어.

세계최고학원의 지출이 예전보다 많이 늘어났지만, 세계최고학원은 그동안 벌어 둔 돈이 많아서 학원비를 절반만 받고 선물을 주고 강사들에게 월급을 두 배로 줘도 당분간 버틸수 있었어. 학원비도 싸고 선물도 주고 인기 강사들도 많으니

학생들은 다시 세계최고학원으로 돌아왔어. 우주최강학원은 버티기가 어려웠고 결국 문을 닫고 말아.

세계최고학원이 학원비를 계속 그대로 유지했다면 학생들도 좋아했을 거야. 하지만 반값 학원비는 일시적인 거였어. 경쟁자가 사라지자 세계최고학원은 학원비를 원래 받던 것보다 훨씬 많이 올렸어. 그동안 지출했던 돈을 모두 회수하고 이익도 더 늘었지. 학생들은 예전보다 훨씬 더 많은 돈을 내야 했지만 세계최고학원의 경쟁 학원이 사라져서 울며 겨자 먹기로 세계최고학원에 다닐 수밖에 없었어.

세계최고학원은 공정하게 경쟁하는 대신 경쟁 학원을 아예 없애 버리는 전략을 택했어. 정정당당하게 플레이를 하지 않고 반칙을 쓰는 게 불공정거래행위인 거야. 경쟁자가 사라지자 세계최고학원이 학원비를 확 올린 것에서 알 수 있듯이, 불공정한 거래행위는 결국 소비자들에게 피해를 끼쳐.

자본주의가 효율적인 건 경쟁이 활발하게 일어나기 때문이야. 그런데 불공정행위가 많이 일어나면 결국에는 소수의 강자만 살아남고 다수의 약자들은 사라지고 말아. 자연스럽게 경쟁은 줄어들고 자본주의의 장점이 없어지는 거지.

그래서 자본주의를 채택한 많은 나라들은 자유로운 경제활동을 보장하면서도 불공정행위는 규제하고 있어. 우리나라도 마찬가지인데, 공정거래법(公正去來法)이라는 법률을 만들어서 법을 어기는 행위가 일어나지 않도록 하고 있어. 또한 불공정한 거래가 일어나지 않도록 전문적으로 감독하는 정부기관도 있는데, 그게 바로 공정거래위원회(公正去來委員會)야.

경제 제도와 공정거래에 대해 알아 봤으니, 상업의 신인 헤르메스의 행동에 대해서 평가해 보자. 우선 헤르메스가 아폴론의 소를 훔친 건 명백한 잘못이고, 다른 사람의 물건을 훔치면 절도죄로 처벌받아. 참고로 물건뿐만 아니라 회사의 뛰어난 기술도 보호를 받지. 다른 사람의 독창적인 기술을 빼돌리는 행위도 범죄야.

헤르메스가 리라와 아폴론의 소떼를 바꾼 건 공정한 거래라고 볼 수 있을까? 수십 마리의 소떼에 비하면 거북이 등껍데기로 만든 리라는 초라해 보이는 게 사실이야. 물론 엄청 고가의 악기도 있고, 물건에 대한 가치는 사람마다 다르게 평가할수 있어. 만약 아폴론이 정말 리라가 마음에 들었고 자발적으로 소떼와 바꿨다면 문제가 없겠지만 그렇지는 않았어. 헤르메스에게는 제우스라는 든든한 우군이 있었거든. 제우스를 등에 업은 헤르메스는 자신에게 훨씬 유리한 거래를 한 것이니 불공정한 거래라고 볼 수도 있어.

스포츠 경기에서 규칙을 지키는 건 매우 중요해. 규칙을 지키지 않으면 그건 스포츠 경기가 아니라 싸움에 불과하거든. 경제 활동을 할 때도 마찬가지야. 기본적인 규칙을 성실하게 준수하면서 불공정한 꼼수를 사용하지 않아야 경제도 발전하고 우리 생활도 더 윤택해져.

Midas
미다스

'미다스의 손'이라는 말의 주인공이다.
만지는 것마다 황금으로 변하게 하는 능력을 갖게 되었다가
낭패를 본 프리기아의 왕.

미다스의 손은
과연 성공을 상징할까?

디오니소스는 포도주의 신인데, 디오니소스에게 포도주 만드는 방법을 알려 준 스승이 실레노스(Silenus)야. 실레노스는 상반신은 인간의 모습이지만 하반신은 말의 꼬리와 다리로 되어 있었어. 포도주의 신 디오니소스에게 술 제조법을 알려 줄 정도이니 실레노스가 술을 얼마나 좋아하는지 짐작이 가지? 실레노스는 늘 잔뜩 취한 상태로 돌아다녔고 자주 사고를 쳤어. 보다 못한 사람들이 실레노스를 붙잡아서 왕에게 데려갔는데, 그 왕이 바로 미다스야.

미다스는 한때 디오니소스를 추종했던 까닭에 그의 스승인 실레노스를 한눈에 알아봤어. 그래서 실레노스를 벌하는 대신 정중하게 모셨어. 열흘 밤낮으로 잔치를 열어서 온갖 산해진미와 고급스러운 술로 극진하게 대접했지. 잔치가 끝나자 실레노스를 디오니소스가 있는 곳에 데려다 주기까지 했어.

오랜만에 스승을 만난 디오니소스는 매우 반가웠어.

"스승님, 그동안 어떻게 지내셨어요?"

디오니소스의 질문에 실레노스는 혀가 꼬인 채 대답했어.

"미다스 왕 덕분에 즐겁게 지내고 있어."

스승을 잘 챙겨 준 미다스에게 고마움을 느낀 디오니소스는 미다스에게 소원을 말해 보라고 해. 한참 동안 고민하던 미다스가 대답했어.

"닿기만 하면 모두 황금으로 변하는 황금손을 갖고 싶습니다."

디오니소스가 손을 한번 휘젓자 황금색 기운이 미다스를 감쌌어.

"당신의 소원이 이루어졌습니다."

미다스는 디오니소스에게 감사의 인사를 전한 뒤 한달음에 궁궐로 돌아왔어. 정말 소원이 이뤄졌는지 확인하기 위해 궁궐 정원에 있는 사과나무에서 사과를 하나 땄어. 그러자 놀라운 일이 벌어졌어. 평범했던 사과가 순식간에 황금 사과로 변한 거야.

미다스는 궁궐 이곳저곳을 돌아다니면서 눈에 보이는 것들은 다 황금으로 만들었어. 황금 기둥, 황금 탁자, 황금 침대. 미다스의 주변은 온통 번쩍번쩍 빛나는 황금으로 변했고 미다스가 세상 최고의 부자가 되는 건 시간 문제였어. 하지만 미다스의 행복은 오래가지 않았어.

저녁이 되자 식사가 차려졌어. 너무 열심히 돌아다닌 탓에 매우 배가 고팠던 미다스는 빵을 하나 집어 들었어. 입에 넣으려고 하는데 빵이 엄청 딱딱한 거야. 무슨 일인가 하고 봤더니 빵이 황금으로 변해 있었어. 다른 음식에 손을 대 봤지만 모두 마찬가지였어. 음식을 먹을 수도 없고 물도 마실 수 없었어.

제대로 먹지를 못하니 미다스는 곧 병이 들었어. 미다스가 아프다는 소식을 듣고 미다스의 딸이 병문안을 왔어.

"아버지 괜찮으세요?"

딸이 아버지의 상태를 살피기 위해 미다스의 손을 잡았는데, 그 순간 딸도 황금으로 변하고 말았어. 미다스는 황금으로 변한 딸을 껴안고 엉엉 울었어. 그제야 미다스는 자신의 소원이 얼마나 어리석었는지를 깨달았어.

미다스는 디오니소스를 다시 찾아가 진심으로 애원했어.

"제가 멍청했습니다. 저의 어리석음을 꾸짖어 주시고, 부디 원래대로 돌아갈 수 있게 해 주십시오."

디오니소스는 미다스에게 강에 가서 머리와 몸을 담가 죄를 씻어 내라고 했어. 디오니소스의 말대로 하자 미다스는 원래 모습으로 돌아왔어.

'미다스의 손'은 오늘날에도 자주 쓰는 표현이야. "○○○는 식품 업계에서 미다스의 손으로 불린다"와 같이, 손을 대는

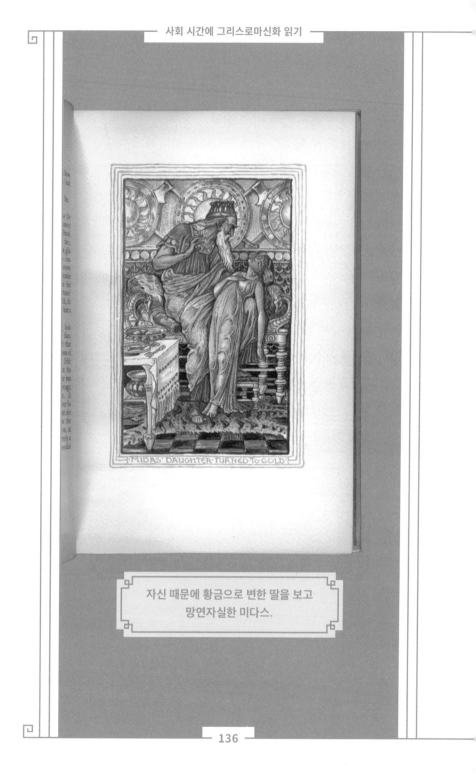

자신 때문에 황금으로 변한 딸을 보고
망연자실한 미다스.

일마다 성공을 거두는 능력자를 지칭할 때 미다스의 손이라는 표현을 써. 그런데 미다스는 왜 만지는 것마다 황금으로 변하게 해 달라는 소원을 빌었을까? 그리고 과연 미다스의 손을 성공의 상징으로만 볼 수 있을까?

2002년 한 신용카드 회사의 광고가 화제가 된 적이 있어. 광고의 내용은 매우 단순한데, 한 유명 연예인이 눈밭에 서서 크게 소리치는 게 전부야. 광고 모델이 여러 차례 반복해서 한 말은 바로 이거야.

"여러분, 부자 되세요!"

이 광고 전에도 부자 되라는 말은 있었지만 이 광고 이후로 확실히 이 말을 사용하는 사람들이 많이 늘어났어. 그만큼 부자가 되고 싶은 사람이 많은 거지. 그건 오늘날에도 마찬가지야. 서점에 가 보면 베스트셀러 목록에 부자가 되는 방법을 알려 주는 책들이 넘쳐나고, 유튜브에는 "이렇게 하면 돈을 벌 수 있다"는 제목을 단 동영상이 가득해.

한 스님은 더 많은 걸 소유하려고 노력하기보다는 지금 가지고 있는 것에 만족하며 살아가는 게 행복해지는 비결이라는 말을 자주 하고 다녔고 비슷한 내용의 책도 여러 권 썼어. 그런데 평소 무소유를 강조하던 그 스님이 TV 프로그램에 출연해서 집을 공개했다가 여론의 뭇매를 맞았어. 그 스님이 사는 집이 서울의 노른자위 땅에 있는 고가의 주택일 뿐만 아니라 집에는 아주 고급스러운 전자제품이 많다는 사실이 드러났기 때문이야. 평소의 말과 실제의 행동이 다르다는 비판이 터져 나왔지.

채우기보다는 비우는 게 더 중요하다고 역설하던 스님마저도 물질적 욕망을 쉽게 제어하지 못하는 것에서 알 수 있듯이 부자가 되고 싶은 마음은 누구에게나 있는 자연스러운 욕망이야.

경제적인 능력은 연애와도 어느 정도 연관이 있어. 신경림 시인의 〈가난한 사랑 노래〉는 가난한 도시 노동자로 힘들게 살아가는 젊은이의 마음을 그린 시야.

가난하다고 해서 사랑을 모르겠는가

내 볼에 와닿던 네 입술의 뜨거움

사랑한다고 사랑한다고 속삭이던 네 숨결

돌아서는 내 등 뒤에 터지던 네 울음

가난하다고 해서 왜 모르겠는가

가난하기 때문에 이것들을

이 모든 것을 버려야 한다는 것을

시의 주인공은 가난 때문에 사랑마저 포기해야 하는 현실에 마음 아파하고 있어. 이 시는 1988년에 발표됐는데, 이 시가

던지는 메시지는 지금도 여전히 유효해. 요즘 결혼을 하는 사람들이 많이 줄어들었는데, 그 이유 중의 하나가 경제적인 문제라고 해. 한 조사 결과에 따르면 결혼을 하지 않는 이유에 대해 집을 마련할 돈이 없어서라고 대답한 사람들이 꽤 많았어. 돈이 없어서 연애·결혼·출산을 포기하는 세대를 뜻하는 삼포세대(三抛世代)라는 말이 있을 정도야.

현실적으로 돈의 필요성과 물질의 가치를 인정하지 않을 수는 없어. 하지만 그렇다고 해서 돈이 전부라고 생각하는 건 문제야. 실제로 이런 생각 때문에 나쁜 일들이 많이 일어나고 있지.

하버드 대학교 교수인 마이클 샌델(Michael Sandel)은『돈으로 살 수 없는 것들』이란 책에서 모든 걸 돈으로 평가하는 현재의 자본주의 시스템을 강력하게 비판해. 돈으로 살 수 있는 것들도 있지만 모든 걸 돈으로 사는 건 불공정하다는 거지.

기여금 입학제(寄與金 入學制)를 예로 들어 보자. 기여금 입학제는 대학의 발전에 금전적으로 도움을 준 사람의 자녀에게 그 대학에 입학할 기회를 주는 제도야. 공부를 못하거나 실력이 부족해도 부모가 부자여서 기부를 하면 소위 명문대학에 입학할 수 있는 거지.

기여금 입학제를 통해 받은 돈으로 가난한 학생들에게 장학금을 줄 수 있으니 좋은 제도라고 생각하는 사람도 있을 거야. 하지만 마이클 샌델은 기여금 입학제도에 반대해. 대학의 본래 목적은 돈을 버는 게 아니라 교육과 연구로 사회에 기여하는 것인데, 돈벌이가 입학 정책을 좌우한다면 대학은 가장 중요한 존재 이유인 학문 추구를 제대로 할 수 없다고 생각하기 때문이야.

반짝반짝 빛나는 황금은 예전부터 부유함을 상징했어. 그래서 물질만능주의를 황금만능주의라고 부르기도 하지. 고려 말의 장군인 최영의 아버지는 항상 "황금 보기를 돌같이 하라"고 말했고 최영 장군 역시 이 말을 항상 가슴에 간직하고 있었다고 해. 보통의 욕망을 가진 사람이 황금을 돌멩이처럼 보기는 어려운 일이지만, 황금이 인생의 전부라고 생각하지는 말아야 해. 황금만 있으면 만사형통이라고 생각하다가 비참한 일을 겪은 미다스의 사례만 봐도 물질만능주의가 얼마나 위험한지 알 수 있어.

혹시라도 무엇이든 손을 대면 황금으로 변하는 손을 갖고 싶은 사람이 있다면, 진정한 행복이 무엇인지를 보여 주는 다음의 시를 찬찬히 읽어 봤으면 좋겠어.

저녁 때
돌아갈 집이 있다는 것
힘들 때

마음속으로 생각할 사람이 있다는 것

외로울 때

혼자서 부를 노래 있다는 것

– 나태주, 〈행복〉

Seirens
세이레네스

몸의 반은 여자이고 반은 새인 바다의 마녀.
노래로 선원들을 매혹해 배를 좌초시킨다.
오디세우스를 유혹하는 데 실패한 뒤 분을 이기지 못하고
바다에 뛰어들어 스스로 목숨을 끊었다.

세이레네스는
지금도 존재한다

이탈리아의 한 섬에는 아름다운 외모에 날개를 가진 여인들이 살고 있었어. 이들의 이름은 세이레네스야.

세이레네스의 특기는 노래 부르기야. 노래를 그냥 잘 부르는 정도가 아니라 아주 빼어나게 불렀어. 세이레네스의 노래가 어찌나 매혹적인지 세이레네스의 노래를 듣는 사람들은 그 노래에 흠뻑 취해서 현실을 아예 잊어버리곤 했어. 세이레네스는 탁월한 예술가이지만 한편으로는 위험한 존재이기도 했지.

세이레네스가 섬에 살다 보니 세이레네스의 노래를 듣는 사람은 배를 타고 그 섬을 지나는 뱃사람들이었어. 뱃사람들은 아름다운 노랫소리에 귀를 기울였고 어느새 노래에 취하고 말았어. 자신이 배를 타고 이동 중이라는 사실도 까맣게 잊고 배에서 뛰어내려 노랫소리가 들리는 섬으로 헤엄쳐 갔지.

무언가에 홀린 듯 섬으로 가지만 그 섬은 식량이 전혀 없

오디세우스를 유혹하는 세이레네스.
선원들은 세이레네스의 소리를 듣지 않으려고
귀를 꽁꽁 싸매고 있다. 반면 오디세우스는 세이레네스의
유혹에 정면으로 맞서기 위해 귀를 가리지 않았다.

는 무인도라서 사람이 살 수가 없었어. 결국 사람들은 목숨을 잃었고 세이레네스의 섬에는 비참하게 굶어 죽은 뱃사람들의 유골이 가득했어.

오디세우스(Odysseus)는 그리스군 최고의 지략가로 통하는 영웅인데, 트로이 전쟁을 끝내고 고향으로 돌아가는 길에 세이레네스의 섬을 지나게 되었어. 오디세우스는 세이레네스의 노래가 가진 치명적인 힘을 잘 알고 있었어. 그래서 선원들에게 촛농으로 귀마개를 만들어서 귀를 막게 했어. 선원들의 귀는 막았지만 정작 오디세우스 자신의 귀는 막지 않았지. 세이레네스의 노래가 얼마나 대단한지 궁금했거든. 대신 자신의 몸을 돛대에 꽁꽁 묶어 달라고 했어.

드디어 세이레네스의 섬에 가까이 다가가자 노랫소리가 들리기 시작했어. 섬에 가까이 갈수록 노랫소리는 점점 커졌고 어느새 오디세우스도 노래에 완전히 빠져들고 말았어.

노랫소리를 더 잘 들으려고 귀를 쫑긋 세우는데 정작 소리는 작아지는 거야. 오디세우스는 안달이 났어. 소리를 작게 만들어서 사람의 관심을 끄는 게 세이레네스의 기술이었지만 이미 노래에 정신이 팔린 오디세우스는 그런 생각조차 못 한 채 밧줄을 풀기 위해 몸부림을 쳤어.

오디세우스가 어찌나 격렬하게 움직였던지 밧줄이 풀렸어. 밧줄이 풀리자마자 오디세우스는 갑판으로 달려갔어. 무수한 뱃사람들이 그랬듯 오디세우스도 세이레네스의 유혹에 무너져서 바다에 뛰어들려고 했지.

바로 그때, 선원 한 사람이 오디세우스의 팔을 잡았어. 오디세우스가 그 섬을 지나기 전에 미리 부탁을 했거든.

"세이레네스의 섬을 지날 때 제가 바다에 빠지려고 하거든 어떻게든 막아 주세요."

그 선원 덕분에 오디세우스는 목숨을 건졌어.

세이레네스는 신화 속의 인물로만 머물러 있지 않아. 오늘날에도 세이레네스의 흔적은 곳곳에서 쉽게 찾을 수 있어.

긴급 상황이 생겼을 때 일정한 소리로 경고음을 내보내는 걸 '사이렌(siren)'이라고 하는데, 세이레네스에서 유래한 명칭이야. 세이레네스는 소리로 사람들을 위험에 빠지게 만들었는데, 사이렌은 소리로 사람들에게 위험을 경고하니, 사이렌이란 이름은 역설적인 면이 있어.

세이네레스는 유명 기업의 로고에도 영향을 미쳤어. 세계적인 커피 전문점인 스타벅스의 로고는 왕관을 쓴 인어 그림인데, 이 인어가 바로 세이레네스야. 스타벅스가 세이레네스를 로고로 선택한 이유는 뭘까? 세이레네스가 아름다운 노랫소리로 지나가는 뱃사람들을 유혹했던 것처럼 많은 사람들을 스타벅스의 커피에 홀리게 만들겠다는 의도였다고 해.

스타벅스의 의도는 성공했어. 스타벅스는 전세계적으로

세이레네스를 형상화한 스타벅스의 로고.

유명한 커피 브랜드일 뿐만 아니라, 한국에서도 인기가 매우 높아. 전국에 있는 매장 수만 해도 1,500개가 넘고 한 해의 매출이 약 2조 원이나 되거든. 한국에 있는 스타벅스가 올리는 매출은 현재 스타벅스가 진출한 국가 중 다섯 번째로 높다고 해.

마케팅(marketing)은 제품 판매를 촉진하기 위해 하는 다양한 활동을 뜻해. 스타벅스는 마케팅을 잘하기로 유명한데, 굿즈를 마케팅에 적극적으로 활용하고 있어.

굿즈(goods)는 원래 상품, 제품이라는 뜻이야. 대중문화에서는 티셔츠, 스티커, 액세서리 같은 연예인 관련 소품 등을 일

컫는 말로 사용되다가 요즘엔 의미가 더 넓어져서 사은품이나 기념품도 굿즈라고 부르곤 해.

스타벅스는 굿즈를 주기적으로 내놓는데 가방, 의자, 돗자리, 컵 등 품목도 다양하고 인기도 많아. 스타벅스 굿즈를 얻기 위해 매장이 영업을 시작하기 전부터 몇 시간 동안 길게 줄을 서고 굿즈가 품절되면 웃돈을 주고서라도 사려는 사람도 있어. 심지어는 오로지 굿즈를 갖기 위해 음료를 몇십 잔씩 주문해서 버리는 사람도 적지 않다고 해. 스타벅스의 굿즈는 왜 이렇게 인기가 많은 걸까?

갖고 싶은 걸 다 가질 수 있다면 경제 문제는 생기지 않을 거야. 그런데 세상의 자원은 한정되어 있고 그걸 가지려는 사람은 훨씬 더 많지. 사고 싶은 물건은 매우 많지만 돈이 부족하듯이.

한정된 자원을 어떻게 효율적으로 활용할 것인지를 다루는 분야가 바로 경제(經濟)야. 최소한의 자원으로 최대한의 효과를 누리는 걸 경제적이라고 하고, 경제적인 소비 활동을 하는 걸 합리적인 소비라고 불러.

합리적인 소비라는 관점에서 보면 스타벅스의 인기가 이해가 안 될 수 있어. 사실 스타벅스는 다른 카페에 비해 음료 가격이 비싼 편이야. 스타벅스 커피 한 잔 가격으로 다른 카페에서는 두 잔의 커피를 마실 수도 있거든. 특히 굿즈를 얻기 위해 마시지도 않을 커피나 음료를 산다는 건 매우 비합리적인 행동으로 보이기도 해.

한국관광레저학회의 논문에 따르면 사람들이 스타벅스에 가는 첫 번째 이유는 커피가 맛있기 때문이고, 두 번째 이유는 과시하기 위해서라고 해. 스타벅스의 세련되고 고급스러운 이미지를 이용해서 '나는 스타벅스에서 비싼 커피를 마시는 사람이야'라는 걸 보여 주기 위함이라는 거지. 그래서 굿즈도 인기가 많은 거고.

장 보드리야르(Jean Baudrillard)라는 프랑스 학자는 『소비의 사회』라는 책에서 오늘날 소비의 특징을 '보여 주기'라고 이야기했어. 그의 주장에 따르면 사람들은 '필요해서' 물건을 사는 게 아니라 무언가를 '보여 주기 위해서' 물건을 산다는 거야. 이른바 명품을 사는 게 대표적인 사례라고 할 수 있어. 고가의 명품이라고 해서 기능이 아주 탁월한 건 아니야. 값비싼 명품 가방이라고 해서 특별히 물건을 더 많이 담을 수 있는 게 아니고 고가의 명품 시계라고 해서 시간이 더 정확한 건 아니거든. 그런데도 사람들이 수백만 원 혹은 수천만 원짜리 명품 가방과 명품 시계를 사는 건 명품을 살 수 있을 정도로 돈이 많다는 걸 보여 주기 위한 목적이 커. 재력을 과시하거나 과소비를 할 때 "플렉스(Flex) 했다"라는 말을 많이 사용하는데, 명품 소비가 일종의 플렉스인 셈이지.

스타벅스에 가거나 명품을 사는 행위를 비난하려는 건 아니야. 소비를 하는 건 돈을 써서 만족을 얻기 위한 건데 소비를 해서 만족감을 느끼는 방식은 사람마다 다를 수 있으니까. 어떤 사람은 저렴한 커피를 마셔서 돈을 절약하는 것에서 만족을 얻지만, 어떤 사람은 조금 더 비싸고 맛있는 커피를 좋은 분위기에서 마시는 것에서 더 큰 만족감을 얻을 수 있거든.

문제는 주체성이야. 내가 주체적으로 판단한 결과에 따라 소비를 한다면 크게 문제가 되지 않아. 하지만 '남들이 다 하니까' '이걸 하지 않으면 없어 보이니까' 같은 이유로 물건을 사는 건 별로 바람직하지 않아. 이걸 모방소비라고 하는데, 모방소비를 하다 보면 자신의 경제적 능력을 넘어서 무리하게 지출을 하는 일도 생겨. 뱁새가 황새를 따라가려다가 가랑이가 찢어진다는 속담은 괜히 있는 말이 아냐.

다시 세이레네스의 이야기로 돌아가 보자. 세이레네스가 아름다운 노래로 뱃사람들을 유혹했듯이 우리 주변에는 우리를 유혹하는 것들이 정말 많아. 백화점, 시장, 마트를 가면 사고 싶은 물건들이 널려 있고, 홈쇼핑이나 인터넷쇼핑을 하다 보면 '이건 꼭 사야 돼'라는 생각이 들 때가 한두 번이 아냐. 순간 정신을 놓으면 바닷물에 빠진 뱃사람들처럼 쇼핑의 바다에 빠져서 허우적거리게 되지.

오디세우스가 세이레네스의 유혹에 넘어가지 않고 무사

히 바다를 건널 수 있었던 건 현명한 선원이 제지를 해 주었기 때문이야. 우리도 소비 활동을 할 때 현명한 선원이 필요해.

무언가를 사기 전에 그 물건이 정말 필요한지를 생각해 보는 게 좋아. 필요해서 사는 게 아니라 단순히 다른 사람들이 가지고 있으니 따라서 사거나 남들에게 과시하기 위해서 구매한다면 합리적인 소비라고 보기 어려워. 그리고 충동적으로 물건을 사게 되면 대부분 몇 번 쓰지도 않고 구석에 처박아 두게 되지.

비합리적인 소비를 많이 할수록 지갑은 점점 가벼워지고 마음도 점점 공허해진다는 사실, 꼭 기억했으면 좋겠어.

Aegeus
아이게우스

아테네의 왕으로 두 번의 결혼에도
후사를 얻지 못하다가, 아테네의 영웅 테세우스를 낳는다.
오늘날 에게 해라고 불리는 지명은
아이게우스의 이름에서 유래했다.

아이게우스가
목숨을 잃은 까닭은?

테세우스는 미노타우로스를 물리친 뒤 아리아드네의 도움을 받아 미로를 빠져 나왔고 결국 아테네의 왕이 되었어. 시간을 조금 앞으로 돌려서 테세우스가 크레타섬으로 출발하기 전으로 가 보면 어떨까? 그리고 이번에는 테세우스의 관점이 아닌 테세우스의 아버지 아이게우스의 시각에서 사건을 보려고 해.

테세우스가 자발적으로 크레타섬에 가겠다고 해서 허락을 하긴 했지만, 아버지인 아이게우스는 걱정이 많았어. 혹시라도 아들이 미노타우로스에게 공격을 받거나 미로에서 빠져나오지 못할까 봐 두려웠던 거지. 아이게우스는 테세우스를 불러서 말했어.

"정말 괜찮겠느냐? 마음이 내키지 않으면 지금이라도 말하거라."

테세우스는 당당하게 말했어.

"아버지, 제 걱정은 하지 않으셔도 됩니다. 제가 누굽니까? 위대한 영웅 아이게우스의 아들입니다. 반드시 살아서 돌아오겠습니다."

테세우스가 워낙 자신감에 넘쳐서 말을 하니 아이게우스는 어느 정도 안심이 되었어.

"그래, 네 의지가 그렇게 확고하니 더 이상 내가 만류를 해도 소용이 없겠구나. 꼭 살아서 돌아오거라."

테세우스가 크레타섬으로 출발하는 날, 아이게우스는 테세우스에게 두 개의 돛을 주었어. 하나는 검은 돛이었고 다른 하나는 흰 돛이었어.

"성공해서 살아 돌아올 때는 흰 돛을 달고 실패하면 검은 돛을 달거라."

아들에 대한 사랑이 지극했던 아이게우스는 테세우스가 떠난 뒤 매일 바닷가 절벽에 나가서 테세우스의 배가 돌아오기를 기다렸어.

드디어 테세우스의 배가 아테네로 돌아오는 날이 되었어. 그날도 아이게우스는 절벽에 서 있었어.

"테세우스 님의 배가 들어옵니다!"

아이게우스 옆에 있던 신하가 외쳤어. 아이게우스는 떨리는 목소리로 신하에게 물었어.

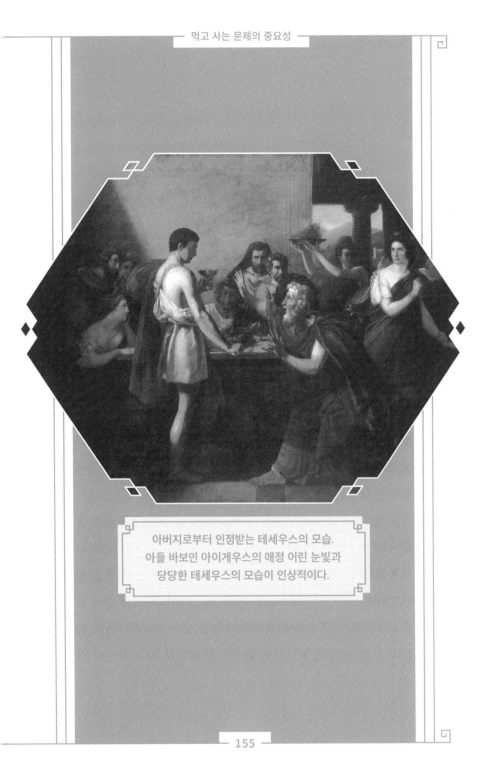

아버지로부터 인정받는 테세우스의 모습.
아들 바보인 아이게우스의 애정 어린 눈빛과
당당한 테세우스의 모습이 인상적이다.

"돛 색깔이 무엇이냐?"

신하는 잠시 망설이다가 대답했어.

"검은색입니다."

신하가 잘못 봤을 수도 있다는 생각에 자신이 직접 돛 색깔을 확인했으나 신하의 말대로 검은색이었어. 테세우스는 미노타우로스를 무찌르고 무사히 돌아오는 길이어서 원래는 흰색 돛을 달아야 하지만 깜빡하고 검은색 돛을 계속 달고 있었던 거야.

아이게우스는 깊이 탄식했어.

'내가 테세우스를 죽게 만들었구나.'

아들을 잃은 슬픔을 이기지 못한 아이게우스는 절벽 아래 바다로 몸을 던졌고 목숨을 잃고 말았어. 이 바다는 그리스와 튀르키예 사이에 있는 지중해의 동쪽 바다로 오늘날 에게 해(Aegean Sea)로 불리는 곳인데, 에게 해는 아이게우스의 이름에서 유래한 거야.

아이게우스가 목숨을 잃은 건 테세우스가 살아 있다는 사실이 제대로 전달되지 못했기 때문이야. 이런 잘못된 전달과 해석은 일상생활에서 크고 작은 트러블을 일으키는 문제일 뿐만 아니라, 경제 분야에서도 매우 중요한 개념이야.

자본주의에서는 시장의 기능이 매우 중요해. 시장은 단순히 물건의 거래가 일어나는 공간만을 의미하는 게 아니라 경제가 정상적으로 작동할 수 있게 해 주는 체제를 의미하기도 해. 정부가 어떤 물건을 얼마나 생산할지를 일일이 정해 주지 않더라도 각 기업들은 알아서 물건을 생산하고 소비자는 필요한 물건을 소비해. 물건을 사려는 사람이 많으면 물건의 가격이 올라가고, 물건을 팔려는 사람이 많으면 물건 가격은 내려가지. 이렇게 수요와 공급에 따라 가격이 결정되고 가격을 통해 경제가 전체적인 조화를 이루게 돼.

근대 경제학의 아버지라 불리는 애덤 스미스(Adam Smith)는 이렇게 자원을 효율적으로 배분하는 시장의 기능을 '보이지 않는 손'(invisible hands)이라고 정의했어.

시장은 매우 효율적인 체제이지만 만능은 아니야. 기계가 고장을 일으키듯이 시장경제 체제도 말썽을 일으킬 때가 있는데, 시장이 제 기능을 다 하지 못하는 걸 시장실패(市場失敗)라고 불러. 시장실패가 일어나는 원인으로는 여러 가지가 있는데 그 중 하나가 '정보비대칭(情報非對稱)'이야.

비대칭은 대칭이 아니라는 의미로, 한쪽으로 기울어져 있다는 뜻이야. 저울이 한쪽으로 기울어진 모습이 바로 비대칭이지. 정보비대칭은 정보를 가진 양에 차이가 있다는 뜻으로 한쪽은 많은 정보를 가지고 있지만 다른 쪽은 정보를 적게 가지고 있다는 말이야. 쉽게 말하면 한쪽은 어떤 상황에 대해 잘 알지만 다른 쪽은 그 상황을 잘 알지 못한다는 거지.

중고 물건 거래를 예로 들어 설명해 볼게. 새 제품은 대체로 품질이 비슷하지만 중고 물건은 어떤 사람이 어떻게 썼느냐에 따라 품질 차이가 많이 나는 편이야. 중고 물건을 파는 사람은 그 상태에 대해서 잘 알고 있지만 물건을 사려는 사람은 그 상태에 대해서 잘 알지 못해. 달리 말해 판매자는 물건의 상태에 대한 정보가 많지만, 구매자는 물건의 상태에 대한 정보가 적으니 정보가 비대칭인 상황이야.

중고 시장에 두 개의 휴대폰이 있다고 가정해 보자. 두 휴대폰은 겉보기엔 모두 멀쩡해 보이지만 성능에서 차이가 많이 나. A는 아주 깔끔하게 사용해서 거의 새 휴대폰이지만, B는 험하게 쓴 탓에 고물에 가까운 휴대폰이야. 물건을 구매하는 사람은 당연히 A를 고르는 게 좋지만, 휴대폰의 상태에 대해서 잘 모르니 B를 선택할 가능성도 있어. 이렇게 정보가 부족한 상황에서 자신에게 불리한 걸 고르는 현상을 '역선택(逆選擇)'이라고 불러.

역선택을 자주 하다 보면, 다시 말해 질이 안 좋은 제품을 자꾸 고르다 보면 "중고 물건은 다 엉망이구나"라는 생각을 하게 되겠지? 이런 사람이 많아지면 중고 거래가 아예 일어나지 않아서 중고 시장을 통한 물건 배분이라는 시장 기능이 작동하지 않게 되지.

정보비대칭을 해결하는 방법은 정보를 많이 가진 쪽이 정보를 충분히 제공하는 거야. 괜찮은 제품이라는 것을 알리는 방법을 경제학에서는 '신호 보내기(signaling)'라고 불러. 중고 제품을 판매할 때 사진이나 동영상을 찍어서 제품을 상세하게 보여 주는 게 신호 보내기의 예시야. 유명 연예인이 식당을 방문하면 식당 주인은 연예인의 사진을 찍고 사인을 받아서 식당에 걸어 두는 경우가 많은데, 이건 '유명 연예인이 와서 식사를 할 정도로 아주 맛있는 식당이다'라는 신호를 보내는 행동이야.

청소년들이 입시에 시달리는 것도 정보비대칭과 연관이 있어. 유명 대학을 나오면 뭐가 좋을까? 유명 대학을 졸업한 사람은 덜 유명한 대학을 나온 사람에 비해서 많은 사람들이 선호하는 직장에 취업할 가능성이 높아.

회사에서 유명 대학 출신을 선호하는 이유는 역선택을 방지하기 위한 거라고 볼 수 있어. 회사에 취업을 하려는 구직자는 자신의 능력에 대해서 잘 알고 있지만 회사는 구직자에 대해서 잘 알지 못해. 구직자의 재능에 대한 정보가 불균등하게 분포하는 정보비대칭의 상황인 것이지.

입사 지원을 할 때 자기소개서를 제출하기는 하지만 자기소개서에는 장점만 주로 적어서 자기소개서만으로는 어떤 사람인지를 정확히 알기 어려워. 회사는 당연히 유능한 직원을 뽑고 싶어 하는데, 유능한지 여부를 알기 어려우니 출신 대학을 보는 거야. 유명 대학을 나왔다는 건 그 사람이 유능하다는 신호라고 해석하는 거지.

정보가 부족한 상황에서 유능한 인재를 선발하고 싶은 회사의 마음을 어느 정도는 이해할 수 있지만 이게 정확하다는 보장은 없어. 유명 대학 출신이라는 게 곧 뛰어난 능력자를 의미하는 건 아니거든.

A는 명문대에 진학하지는 못했지만 대학에 다니는 동안 전공 공부도 열심히 하고 자격증도 열심히 땄어. 하지만 B는 명문대에 입학했지만 대학 시절 내내 탱자탱자 놀면서 시간을 보냈어. 두 사람 중 더 뛰어난 인재는 A일 거야. 졸업장만으로 사람을 평가하는 건 한계가 있을 수밖에 없지.

다시 테세우스와 아이게우스의 이야기로 돌아와서 이들의 이야기를 정보비대칭이라는 관점에서 분석해 보면 어떨까? 당연한 이야기이지만, 테세우스는 자신이 살아 있다는 걸 누구보다 잘 알고 있었어. 하지만 아이게우스는 그렇지 않았지. 아들의 생사가 굉장히 궁금했지만 서로 멀리 떨어져 있어 알 길이 없었어. 다르게 표현해서 테세우스의 생사에 관한 정보가 테세우스에게는 충분했지만 아이게우스는 그 정보가 부족했어. 바로 정보가 비대칭적으로 존재하는 상황인 거지. 이런 상황에서 검은 돛이 달려 있는 걸 보고 테세우스가 죽었다고 오해하게 된 거야. 만약 테세우스가 살아 있다는 정보가 아이게우스에게도 똑같이 대칭적으로 있었다면 아이게우스가 바다에 몸을 던지는 일은 없었겠지.

정보비대칭 문제를 해결하기 위한 대표적인 방법이 신호 보내기였다는 것 기억하지? 테세우스에게는 돛이라는 도구가 있었어. 아이게우스가 요청한 대로 흰 돛을 달아서 자신이 살아 있다는 사실을 알렸다면 아이게우스는 죽지 않았을 거야.

정보비대칭은 주로 경제학에서 사용하는 용어이지만 일상생활에서도 유용한 개념이야. 정보비대칭의 핵심적인 교훈은 '내가 알고 있는 걸 상대방은 모를 수 있다'는 거야.

다른 사람이 내 마음이나 상황을 잘 몰라줘서 서운한 감정을 느낀 적이 더러 있을 거야. 상대방이 정말 몰라서 그런 것일 수도 있으니, 불필요한 오해가 쌓이기 전에 먼저 자신의 감정이나 상황을 솔직하게 말해 보는 건 어떨까?

Icaros
이카로스

최고의 건축가이자 발명가였던 다이달로스의 아들.
미로를 탈출하기 위해 아버지가 만든 날개를 달고
하늘을 날다 태양 가까이 가는 바람에 추락했다.

이카로스는
용감했을까, 무모했을까?

앞에서 이야기한 테세우스가 미로에서 빠져나온 이야기 기억나? 테세우스가 미로에서 빠져나왔다는 사실을 알게 된 크레타의 왕 미노스(Minos)는 엄청나게 화가 났어. 크레타의 미로는 누구도 나오기 힘든 천연의 요새로 유명했는데, 그게 뚫렸기 때문이야. 한편, 미로의 설계자인 다이달로스는 테세우스가 탈출했다는 소식을 접하자 떨고 있었어. 자신에게 화가 미칠까 봐 두려웠던 거지.

불길한 예감은 현실이 되었어. 얼마 지나지 않아 미노스는 신하들에게 다이달로스를 체포하라고 명령을 내렸어. 그러고는 다이달로스를 미로에 가두지. 사실 테세우스가 미로에서 빠져나올 수 있었던 건 다이달로스가 잘못했기 때문이 아니라 미노스의 딸인 아리아드네가 테세우스를 도와 주었기 때문이야. 하지만 미노스는 자신의 딸을 탓하는 대신 엉뚱하게 다이달로스에게 화풀이를 한 거야.

다이달로스가 미로에 갇힐 때, 그의 아들인 이카로스도 함께 갇혔어. 꼼짝없이 미로에 갇힌 이카로스는 걱정스러운 표정으로 다이달로스에게 물었어.

"아버지, 저희는 이제 어떻게 되는 걸까요? 여기서 죽는 건가요?"

다이달로스는 이카로스를 안심시켰어.

"하늘이 무너져도 솟아날 구멍이 있다고 하지 않니. 내가 꼭 구해 줄 테니, 걱정하지 말거라."

미노스 왕은 크레타섬을 오가는 육로와 해로를 철저하게 통제했어. 그래서 섬을 빠져나가기 위해서는 하늘을 이용할 수밖에 없었지. 하늘을 나는 방법을 골똘하게 생각하던 다이달로스의 머리 위로 새 한 마리가 지나갔어.

그 모습에서 힌트를 얻은 다이달로스는 새의 깃털을 잔뜩 모았고 밀랍(蜜蠟)으로 깃털을 붙여서 날개를 만들었어. 밀랍은 벌집을 만들기 위해 꿀벌이 분비하는 물질이야. 상온에서 단단하게 굳는 성질이 있어서 무언가를 붙일 때 밀랍을 쓰곤 했어. 밀랍은 훌륭한 접착제이지만 열에 약하다는 게 단점이야.

다이달로스는 이카로스에게 날개를 달아 주며 신신당부했어.

"이카로스야, 너무 높이 날면 태양의 열기 때문에 밀랍이 녹아서 날개가 떨어지니 태양 가까이 날지 않도록 해야 한다. 그리고 너무 낮게 날면 날개가 바다의 습기를 머금어 무거워지니 비행하기 어렵단다. 적당한 높이를 유지하는 게 중요해. 내 말 꼭 명심하고."

이카로스는 잘 알겠다고 대답했어.

날개를 어깨에 매단 다이달로스와 이카로스는 힘껏 날갯짓을 했어. 최고의 기술자인 다이달로스가 만든 날개이다 보니 성능이 매우 좋았고, 두 사람은 하늘로 날아올랐어. 크레타섬의 경계가 삼엄하긴 해도 하늘까지 막을 수는 없었고 두 사람은 크레타섬을 쉽게 벗어날 수 있었지.

이카로스는 하늘을 난다는 사실에 매우 신이 났어. 마치 새가 된 것처럼 자유로움과 해방감을 느꼈거든. 매우 들뜬 이카로스는 조금 더 높이 날고 싶어졌어. 더 힘차게 날갯짓을 했고 이카로스의 비행 고도는 점점 높아졌어.

이카로스를 본 다이달로스는 큰 목소리로 외쳤어.

"이카로스야, 그만 내려와!"

하지만 다이달로스의 목소리는 이카로스에게 닿지 못했고, 이카로스는 태양에 점점 가까워졌어. 그러다 문제가 생겼어. 태양의 열기 때문에 밀랍이 녹기 시작한 거야. 밀랍이 녹자 깃털이 하나둘씩 빠졌지.

이카로스가 문제를 알아차렸을 때는 이미 걷잡을 수 없는

너무 높이 날지 말라고 충고하는 아버지와
정면을 응시하는 이카로스.
이카로스와 아버지는 눈을 전혀 맞추지 않고 있는데,
이는 듣고 있는 자세라기보다는 하늘을 날 생각에
흥분한 이카로스의 모습을 보여 주는 듯하다.

상황이었어. 날개는 모두 떨어져 나갔고 결국 이카로스는 바다에 떨어져 죽고 말았어.

다이달로스는 그리스로마신화를 통틀어 가장 뛰어난 과학자라 할 수 있어. 다이달로스와 이카로스의 이야기를 통해서 과학의 쓸모와 한계에 대해 알아보려고 해.

이카로스는 왜 추락했을까? 그 이유 중 하나는 아마도 호기심일 거야. '더 높이 날면 어떤 일이 생길까?'라는 호기심이 이카로스를 점점 더 태양에 가까이 가게 만든 거지. 이렇게 보면 호기심이 매우 위험한 것 같지만, 사실 호기심은 학문 연구에 꼭 필요하고 특히 과학 연구에서 매우 중요한 역할을 해.

과학 탐구의 방법은 다음의 과정을 거치는 게 일반적이야.

❶ 문제 인식 ⇒ ❷ 가설 설정 ⇒ ❸ 탐구 설계 및 수행 ⇒ ❹ 자료 해석 ⇒ ❺ 결론 도출 ⇒ ❻ 일반화 과정

과학을 탐구하려면 이 모든 단계를 거쳐야 하지만, 그중에서도 '문제 인식' 단계가 없으면 제대로 된 연구를 시작할 수가 없어. 각기병 치료제를 발견한 과정도 마찬가지야.

각기병은 비타민의 일종인 티아민(thiamine)이 부족해서 생기는 병이야. 이 병에 걸리면 팔, 다리에 신경염이 생겨 심한 통증이 발생하고 부종(몸이 붓거나 피부가 부풀어 오르는 현상)이

나타나. 근육이 마비되어 걸음을 제대로 걷지 못하게 될 수도 있고 심하면 죽기도 하는 병이야. 이 병의 치료제를 개발한 건 네덜란드 출신의 생리학자인 에이크만(Christian Eijkman)이야. 에이크만은 각기병에 걸린 닭을 세심하게 관찰했는데, 어느 날 보니 각기병이 걸렸던 닭이 말끔하게 나았던 거야.

에이크만은 그 원인을 찾으려고 닭의 모이를 유심히 살펴봤어. 각기병에 걸렸다가 나은 닭이 현미를 먹었다는 걸 알게 되고, '현미에 각기병 치료 성분이 들어 있을 것이다'라는 가설을 세운 뒤 실험을 했어. 그 결과 각기병 치료 성분이 현미에 있는 티아민이란 걸 발견하게 되지. 만약 에이크만이 '어떻게 닭의 각기병이 나았을까?'라는 궁금증과 호기심을 갖지 않았다면 지금까지도 많은 사람들이 이 질병에 시달리고 있을지도 몰라.

각기병 치료제뿐만이 아니야. 과학자들이 의문과 호기심을 품지 않았다면 연구를 하지 않았을 것이고 지금까지의 과학적 성취를 이루지 못했을 가능성이 높아. 그래서 과학자들은 의심하고 질문하는 힘이 중요하다고 입을 모아서 말해.

과학은 한계에 도전하는 학문이야. 예전에는 남녀가 성관계를 통해 수정을 하는 자연수정(自然受精)을 통해서만 아기를 낳을 수 있었어. 그러다 보니 자연수정으로 임신이 잘 되지 않는 경우에는 아이를 갖지 못했지. 이 문제를 해결한 사람은 영국의 학자인 로버트 에드워즈(Robert Edwards)야.

에드워즈는 성관계를 통해서만 임신이 된다는 한계를 뛰어넘고 싶었어. 그는 치열하게 연구한 끝에 여성의 난소에서 꺼낸 난자와 남성의 정자를 배양접시에서 수정시킨 후 48시간 뒤에 그 수정란을 여성의 자궁에 착상시키는 인공수정(人工授精) 기술을 개발했어. 오늘날에는 자연수정이 잘 되지 않는 사람들이 인공수정을 통해 임신을 하는 게 일반적이고, 한 해 태어난 아기의 10명 중 1명은 시험관아기 시술로 태어난다는 통계도 있어.

오늘날 우리가 물질적으로 풍족하고 편리한 생활을 할 수 있는 건 과학 덕분이야. 하지만 과학의 발전이 항상 장밋빛 미래를 보장하는 건 아니지. 알버트 아인슈타인(Albert Einstein)의 사례를 예로 들어 보자. 아인슈타인은 천재 과학자의 대표로 꼽히는 사람이야. 아인슈타인은 상대성 이론이라는 혁신적인 이론을 통해 1921년 노벨물리학상을 받기도 했지.

아인슈타인은 유대인으로 독일에서 태어나고 자랐는데, 독일에 나치 정권이 들어서자 미국으로 건너갔어. 미국에 있던 아인슈타인은 독일이 핵무기를 개발한다는 소식을 들었어. 핵무기가 있으면 독일이 제2차 세계대전에서 승리하고 말 거라는 불안감이 들었던 그는 미국 대통령에게 편지를 보내서 이렇게 말해.

"독일보다 먼저 핵무기를 개발해야 합니다."

미국은 핵무기 개발에 착수했고 세계 최초로 핵폭발 실험에 성공했어. 제2차 세계대전이 한창이던 1945년 8월 6일, 미국은 원자폭탄을 히로시마에 투하했고, 3일 뒤인 8월 9일에는 나가사키에 투하했어. 원자폭탄의 위력은 실로 막강했지. 원자폭탄이 투하되자 일본은 항복을 선언했고 그 결과 제2차 세계대전이 끝났어.

전쟁이 끝난 것은 다행스러운 일이지만 원자폭탄의 피해는 엄청났어. 1945년에만 히로시마에서 14만 명, 나가사키에서 7만 명이 목숨을 잃었고, 히로시마와 나가사키는 초토화됐어. 방사능에 노출된 사람들은 각종 질병에 시달렸고 그 피해는 수십 년간 지속되었어.

아인슈타인은 원자폭탄이 실제로 전쟁에 사용되자 깜짝 놀랐어. 원자폭탄의 위력과 그로 인한 피해가 상상을 훨씬 뛰어넘는 수준이었거든. 그 뒤 아인슈타인은 핵무기 개발을 권유했던 걸 두고두고 후회하면서 반핵운동을 펼쳤어. 핵 개발 사례는 과학의 발전이 인류의 행복에 장애가 될 수도 있다는 걸 보여 줘.

미로에 갇힌 다이달로스와 이카로스가 미로를 벗어날 수 있었던 건 다이달로스가 만든 인공 날개, 달리 말해 과학의 힘 덕분이야. 만약 이카로스가 다이달로스의 경고대로 적당한 비행 높이를 유지했다면 무사히 미로에서 빠져나올 수 있었을 거야. 하지만 안타깝게도 이카로스는 지켜야 할 선을 넘고 말았어. 한계에 끊임없이 도전하면서 넘지 말아야 할 선을 잘 지키는 것! 어렵지만 과학이 꼭 해내야 할 숙제야.

4교시

여성과
사회적 약자

질투는 나의 힘!

Hera
헤라

제우스의 정실부인으로 결혼생활의 수호신.
바람기 많은 남편 제우스와 부적절한 관계를 맺은
많은 여성과 그 자식을 괴롭히고 박해했다.

헤라는
화풀이 대상을
잘못 정했다

　이오(Io)는 강의 신 이나코스(Inachos)의 딸이었는데 엄청난 미인이었어. 강가에서 행복하게 살던 이오에게 불행이 시작된 건 바람둥이 제우스의 눈에 띄면서야. 제우스는 이오가 강에서 돌아오는 모습을 보고는 첫눈에 반했어. 사랑에 눈이 먼 제우스는 호시탐탐 이오와 잠자리를 가질 기회를 노렸어. 그러던 어느 날 제우스는 먹구름으로 주위를 덮고 이오를 범했고, 갑자기 하늘이 어두워진 것을 보고 이상하게 여긴 헤라가 땅으로 내려와. 제우스는 헤라의 눈을 피하기 위해 이오를 흰 암소로 변신시켰어. 헤라는 흰 암소를 보고 의심하며 그것을 선물로 달라고 말하지. 제우스는 결국 헤라에게 이오를 선물했고, 헤라는 이오를 백 개의 눈을 가진 아르고스에게 맡겨 감시하게 해.

　이오는 아르고스의 눈에서 벗어날 수 없었어. 제우스는 아들 헤르메스에게 도움을 청했어. 목동으로 변장한 헤르메스는 자연스럽게 아르고스에게 접근한 뒤 피리를 불었어. 그 피리에는 신비한 힘이 있어서 피리 소리를 들으면 잠에 빠져들게 되지. 한참 피리를 불자 아르고스의 눈 백 개가 모두 감겼고 헤르메스는 아르고스의 목을 베어 버렸어.

감시자가 없어졌으니 이오는 자유의 몸이 되었을까? 그렇지 않아. 헤라는 쇠파리떼를 보내 이오를 괴롭혔어. 쇠파리에게 쫓기던 이오는 우여곡절 끝에 이집트까지 가게 되는데 거기서 제우스를 만나 인간의 모습을 되찾은 뒤, 제우스와 동침하여 아들 에파포스(Epaphos)를 낳았어. 이 사실을 알게 된 헤라는 더 화가 났어. 야만족 전사들의 무리인 쿠레테스(Kuretes)를 시켜 어린 에파포스를 납치했지. 이오는 나중에 아들을 되찾기는 했지만 그 과정에서 맘고생이 이만저만이 아니었어.

얼핏 보면 이오 이야기는 흔한 불륜 드라마와 비슷한 면이 있어. 한 사람과의 사랑이 지겨워진 남편(제우스)이 다른 여자(이오)와 바람을 피우고 아내(헤라)가 질투심에 불타오른다는 내용이니까.

헤라는 제우스의 바람기 때문에 맘고생을 많이 했어. 부부 사이에는 신뢰가 중요한데 제우스는 번번이 그걸 저버리고 다른 여자들과 부적절한 관계를 맺었지. 그러니 헤라가 제우스와 바람을 핀 이오에게 분노를 느낄 수도 있겠다 싶어. 더욱이 이

소로 변한 이오와 그 곁을 지키고 있는 제우스,
그리고 그 광경을 전부 꿰뚫어 보고 있는
질투의 화신 헤라의 모습.

오는 자신을 섬기는 여사제였으니, 다른 때보다 더 화가 났을 거야. 하지만 이건 헤라의 시각에서 본 것이고, 이오의 시각에서 보면 이야기가 달라져.

제우스가 이오에게 반한 뒤에 이오는 밤마다 환청을 듣게 되는데, 그 환청은 아버지의 가축이 있는 축사로 가라는 거였어. 불길한 느낌이 들어서 이오는 아버지에게 사정을 설명했고 아버지는 신전에 가서 신탁을 구했어.

신탁의 내용은 무시무시했어. 제우스와 잠자리를 갖지 않으면 제우스가 보낸 벼락 때문에 온 나라가 쑥대밭이 된다는 내용이었거든. 이오는 제우스와 불륜을 저질렀다기보다는 나라를 구하기 위해서 어쩔 수 없는 선택을 했던 거야. 이오도 피해자인 거지.

남편 제우스의 부정한 행동을 자주 경험한 헤라가 화를 내는 건 자연스러운 반응이야. 문제는 화를 내야 할 대상을 잘못 지정했다는 점이야. 헤라는 애꿎은 이오를 괴롭힐 게 아니라 제우스에게 화를 내고 복수를 했어야 해.

헤라의 행동을 보면 드라마의 한 장면이 떠올라. 남편의 외도를 알게 된 부인은 남편과 바람을 피운 여성을 찾아가서 소리쳐.

"네가 우리 남편 꼬셨어?"

그다음 장면은 뭘까? 부인은 상대 여성의 머리끄덩이를

잡아당기면서 격렬하게 몸싸움을 벌이지. 아니면 물컵의 물을 여성의 얼굴에 확 끼얹거나. 하지만 드라마 속 부인도 헤라와 비슷한 잘못을 하고 있어. 부인이 화를 내야 될 사람은 그녀의 남편이거든.

헤라에게 들려주고 싶은 시가 있어. 김수영이 1965년에 발표한 〈어느날 고궁을 나오면서〉라는 작품이야.

그러니까 이렇게 옹졸하게 반항한다
이발쟁이에게
땅 주인에게는 못 하고 이발쟁이에게
구청 직원에게는 못 하고 동회 직원에게도 못 하고
야경꾼에게 20원 때문에 10원 때문에 1원 때문에
우습지 않으냐 1원 때문에

모래야 나는 얼마큼 작으냐
바람아 먼지야 풀아 나는 얼마큼 작으냐
정말 얼마큼 작으냐…

시적 화자는 정의롭지 못한 사회에 불만이 많은 사람이야. 그런데 겁이 많은 소시민이라서 땅 주인, 구청 직원, 동회(오늘날의 동사무소 혹은 주민센터) 직원같이 힘 있는 권력자에게는 함부로 대들지 못해.

이들과 달리 이발쟁이와 야경꾼(밤사이에 화재나 범죄가 없도록 살피고 지키는 사람)은 시적 화자에게 비교적 만만한 사람이야. 그래서 이들에게는 아주 사소한 일로 쉽게 짜증도 내고 화도 내고는 해. 헤라가 애꿎은 이오에게 분풀이를 했듯이.

하지만 헤라와 시적 화자가 다른 면이 있어. 시적 화자는 그런 자신의 행동이 문제라는 걸 잘 알고 있어. 그러니까 "나는 얼마큼 작으냐"고 탄식을 하는 거지.

갑을(甲乙) 관계라는 말, 들어 봤을 거야. 원래 갑과 을은 A, B, C, D처럼 순서를 나타내는 말이었는데, 어느 순간부터 힘의 서열을 의미하는 단어로 바뀌었어. 힘과 권력을 가진 쪽이 '갑'이고 반대로 힘과 권력이 없는 쪽이 '을'이 되는 거지. 강자인 '갑'이 약자인 '을'을 부당하게 괴롭히는 행위를 흔히 '갑질'이라고 해.

한편 '을들의 전쟁'이라는 말도 있어. 을들의 전쟁은 약자들 간의 대립을 의미하는 용어야. 예를 들어 최저임금 문제를 생각해 볼까. 최저임금은 국가에서 근로자가 최소한으로 받아야 할 임금을 정해 놓은 걸 의미해(2022년 기준 최저임금은 시간당 9,160원). 최저임금을 정해 놓은 건 경영자(사장)에 비해 약자인 근로자를 보호하기 위해서야. 경영자가 마음대로 임금을 정할 수 있게 놔두면 경영자는 아주 적은 액수의 돈만 주려고 할 테니 최소한의 인간다운 생활을 보장하기 위한 하한선을 정해 놓은 거지.

그런데 사장이라고 해서 상황이 다 똑같은 건 아니야. 대기업을 운영하면서 매우 부유한 사장도 있지만, 조그마한 가게를 운영하는 사장도 있거든. 최저임금이 대폭 오르자 영세 자영업자들이 근로자의 임금을 감당하지 못해 힘들어한다는 소식이 많이 들려. 사실 영세 자영업자들도 '을'에 가까우니, 최저임금을 둘러싼 근로자와 작은 가게 사장님 사이의 충돌은 '을들의 전쟁'인 거지.

다시 헤라의 이야기로 돌아와 볼까? 헤라가 올림포스 12신 중 한 명이라고 해도 제우스에 비하면 '을'이야. 평범한 인간인 이오가 '을'인 건 말할 것도 없고. 헤라가 이오를 일방적으로 괴롭히지만 넓은 의미에서는 헤라와 이오의 갈등도 '을들의 전쟁'이라고 볼 수 있어.

'을들의 전쟁'을 끝내는 방법은 뭘까? 그 첫걸음은 싸움의 대상을 정확하게 설정하는 일이야. 헤라는 이오에게 겨눈 비난의 화살을 제우스에게 겨눠야 했어.

Medusa
메두사

아테네의 저주를 받아 미소녀에서 괴물이 되었다.
얼굴이 너무 무시무시해 사람들이
그 얼굴을 보기만 해도 돌로 변해 버린다.

메두사는
왜 괴물이 되어야 했나?

뱀은 예로부터 공포의 대상이었어. 한 마리만 있어도 무서운데, 아주 많은 수의 뱀이 한꺼번에 모여 있다면 정말 공포스럽지. 만화나 영화에서 머리카락이 뱀으로 되어 있는 괴물을 자주 봤을 텐데, 이 괴물의 원조가 메두사야.

아테네 신전의 사제인 메두사는 미모가 빼어났는데 특히 머리카락이 아름답기로 유명했어. 남자들이 메두사를 보려고 아테네 신전에 모여드는 일이 많았지. 아테나(Athena)는 메두사의 인기가 마음에 들지 않았어. 신인 자신보다 더 대접을 받는 것 같았거든. 그러다 아테나의 분노가 폭발하는 사건이 발생해.

올림포스 12신 중의 한 명이자 바다의 신인 포세이돈(Poseidon)도 메두사에게 푹 빠져 있었고 끈질기게 구애를 했어. 메두사는 포세이돈이 별로 마음에 들지 않았지만 포세이돈이 진심을 다해 메두사에게 애정 공세를 하자 메두사의 마음도 조금씩 열렸어. 그렇게 포세이돈과 메두사는 연인이 되었지. 그러던 어느 날 그들은 아테네 신전에서 사랑을 나눴어.

그 사실을 알게 된 아테나는 눈이 뒤집혔어. 그렇지 않아도 메두사가 맘에 들지 않았는데, 시뻘건 대낮에 그것도 자신의 신전에서 애정 행각을 벌인 사실을 도저히 용납할 수 없었던 거야.

아테나는 메두사가 자랑스러워하던 머리카락부터 손댔어. 아테나가 저주를 퍼붓자 메두사의 머리카락은 무시무시한 뱀으로 변했어. 그게 전부가 아냐. 혀는 입 밖으로 길게 늘어지게 만들었고, 어금니는 멧돼지처럼 툭 튀어나오게 했지. 메두사는 많은 남자들의 사랑을 받던 미인에서 흉측한 괴물로 변하고 만 거야.

그런데 메두사의 비극은 여기서 끝나지 않았어.

제우스와 다나에의 아들이자 아크리시오스의 손자인 페르세우스는 메두사의 목을 베어 오라는 임무를 맡게 되었어. 메두사가 어디에 있는지 몰라 어려움을 겪고 있던 페르세우스에게 도움의 손길을 내민 건 아테나였어. 아테나는 메두사가 있는 장소를 알려 주었지.

하지만 페르세우스에게는 걱정이 있었어. 메두사는 신비한 힘이 있어 메두사의 얼굴을 보기만 해도 돌로 변하고 말았거든. 메두사를 무찌를 방법에 대해 페르세우스가 고민에 빠지자 아테나가 다시 나타나서 청동 방패를 건넸어.

"이걸 사용하면 메두사를 무찌를 수 있을 겁니다."

만반의 준비를 끝낸 페르세우스는 메두사가 있는 곳으로 갔어. 마침 메두사는 깊은 잠에 빠져 있었지.

페르세우스는 아테나가 준 청동 방패를 거울로 삼아 조금씩 전진했기 때문에 직접 메두사의 얼굴을 보지 않고 메두사 바로 옆까지 접근했어. 그러고는 칼을 힘껏 내리쳐서 메두사의 목을 베었어.

페르세우스는 아테나에게 메두사의 머리를 바쳤고 아테나는 메두사의 머리를 자신의 방패에 붙여 놓았어.

오늘날 메두사는 악당의 이름으로도 자주 사용되어서 부정적인 느낌이 들지만 사실 메두사는 악당이나 괴물이 아니었어. 아테나가 저주를 한 까닭에 흉측한 괴물이 되고 만 거지.

메두사가 실수를 한 것은 사실이야. 하지만 그게 괴물이 되어 목숨을 잃어야 할 정도로 큰 잘못이었을까. 반면 포세이돈은 아무런 벌을 받지 않았어. 포세이돈과 달리 메두사가 가혹한 벌을 받은 건 그녀가 여성이었기 때문은 아닐까.

남존여비(男尊女卑)라는 말이 있어. 남성을 귀하게 여기고 여성을 낮고 천하게 여긴다는 뜻이야. 조선 시대엔 유교가 사회를 지배하면서 남존여비 사상에 입각한 일들이 많이 일어났

아테나의 방패.
페르세우스는 메두사의 목을 베어 아테나 여신에게 바친다.
아이러니하게도 메두사의 목은 그토록 자신을 증오하던
아테나 여신의 방패에 장식으로 들어가게 된다.
메두사는 아테나 여신의 방패 속에서
여신의 권위와 용맹에 대한 상징물이 된다.

어. 여성은 남성에 비해 여러 가지로 부족한 존재라 생각했기 때문에 남성을 잘 따라야 한다고 생각했어. '어려서는 아버지를 따르고, 시집 가서는 남편을 따르고, 남편이 죽은 뒤에는 아들을 따라야 한다'는 게 일종의 규율이었지. 또한 부모가 돌아가신 뒤에 재산을 나눌 때 여성이라는 이유로 전혀 상속을 받지 못하는 일도 많았고, 남편이 사망을 해도 재혼을 하지 못하게 막았어.

중앙아시아에 위치한 아프가니스탄의 역사는 우여곡절이 많아. 미국은 2001년부터 약 20년간 전쟁을 치르다가 2021년 8월 군대를 철수시켰어. 미국이 군대를 철수시키자 아프가니스탄을 장악한 단체는 탈레반이야. 탈레반이 정권을 잡자 아프가니스탄의 수많은 국민들이 나라를 떠나려고 했어. 탈레반은 국민들의 인권을 존중하지 않는데, 특히 여성들의 인권을 심하게 탄압하는 것으로 유명해.

탈레반은 과거에도 아프가니스탄의 정권을 차지했던 적이 있는데, 당시 여성은 경제 활동을 할 수 없고, 학교도 다닐 수 없었지. 옷도 마음대로 입을 수가 없는데 여성은 얼굴까지 검은 천으로 가리는 복장인 부르카(burka)를 입어야 해. 부르카를 입지 않았다는 이유로 살해를 당하기도 해. 여성은 혼자 외출을 할 수도 없는데 반드시 남성이 동반해야 외출을 할 수 있어. 생각만 해도 숨이 막히는 생활이야.

여성 차별은 조선 시대 혹은 아프가니스탄 같은 일부 이슬람 국가만의 문제일까. 정도의 차이는 있지만 오늘날의 한국 사회에도 여성 차별은 존재해.

여성가족부의 조사 결과에 따르면 여성과 남성의 임금 차이가 꽤 큰 것으로 나타났어. 2021년 기준으로 상장법인에 종사하는 남성과 여성의 평균 임금을 조사한 결과 남성이 약 9413만 원을 받을 때 여성은 5829만 원을 받아. 평균적으로 남성이 여성보다 약 1.6배 많은 임금을 받는 셈이지. 남성 평균 임금과 여성 평균 임금의 차이를 수치로 나타낸 걸 '성별임금 격차'라고 해. 이 수치가 클수록 임금 차이가 많이 난다는 뜻인데, 우리나라는 38.1%였어. OECD 국가 평균보다 3배나 많은 수치야.

여성은 회사에서 승진을 할 때도 불이익을 받는 경우가 많아. 회사에서 높은 지위를 차지하는 임원들의 대부분은 남성이거든. 유리천장(glass ceiling)이라는 말이 있는데, '눈에 보이지는 않지만 결코 깨뜨릴 수 없는 장벽'이라는 의미로 충분한 능력과 자질을 갖추었음에도 조직 내의 관행과 문화 때문에 여성이 고위직으로 승진이 되지 않는 상황을 비유적으로 표현한 말이야.

여성이 사회적으로 남성보다 낮은 대우를 받는 이유는 뭘까? 이유는 다양하지만 출산과 육아가 가장 큰 원인이라고 봐.

여성은 아이를 출산할 뿐만 아니라 아이를 키우는 데 중요한 역할을 하고 있어. 예전에 비해 남성도 아이를 돌보는 일에 더 많은 신경을 쓰고 노력을 하지만, 여전히 여성이 남성보다 육아에 훨씬 긴 시간을 투입해. 모성애를 이야기하면서 여성이 남성보다 육아에 더 최적화되어 있다고 이야기하는 사람들이 많은데, 그 부분에 대해서는 좀 더 상식적이고 합리적으로 접근할 필요가 있다고 생각해. 육아는 부부 공동의 몫이고, 상황에 따라 그 역할을 좀 더 많이 감당할 사람이 달라질 수 있지. 그리고 그것이 꼭 여성이 되어야 할 이유는 없어. 남성들도 충분히 할 수 있는 일이거든. 하지만 세상은 아직도 그 역할을 여성에게 강요하지. 아이를 키우기 위해 다니던 회사를 어쩔 수 없이 그만두는 일이 잦고, 그러다 보니 회사는 여성 채용을 꺼리는 악순환이 발생해.

여성 차별 문제에 대해서는 여러 생각들이 존재해. '과거에는 여성 차별이 있었는지 모르지만 지금은 여성이 차별을 받는 게 아니라 오히려 남성보다 더 우대를 받고 있다'라고 주장하는 사람도 있어. 이들은 남자만 의무적으로 군대에 간다는 사실을 논거로 들 때가 많지. 그래서 여성 차별의 문제점을 지적하고 남녀가 평등한 사회를 만들어야 한다는 글에는 이런 댓글이 달리곤 해.

'남녀평등이 그렇게 좋으면 여성도 군대에 가야 한다.'

논점과 관계없는 논거를 제시해서 쟁점을 흐리는 걸 논리학에서는 '논점일탈(論點逸脫)의 오류'라고 하는데, 이런 게 바로 논점일탈의 오류야.

여성의 역사는 차별과 불평등의 역사라고 해도 지나치지 않아. 지금은 많은 부분이 나아졌다고 하지만 앞에서 살펴본 임금의 문제만 보아도 기울어진 운동장은 아직 완전히 회복되지 않고 있어. 그리고 여성에 대한 차별을 없애고 여성의 인권을 보호하는 건 꼭 여성만을 위해서가 아니야. 여성에 대한 차별이 없어진다고 해서 남성에게 불이익이 생기는 것도 아니야. 여성이 행복한 세상은 곧 남성이 행복한 세상이기도 하니, 여성의 인권을 신장시키는 건 모두에게 이로운 일이지.

옛날 영화에 등장하는 공주의 모습은 대체로 이랬어. 화려한 옷을 입고 아름답게 꾸민 뒤에 호사스러운 궁전에서 차를 마시는 게 주된 일과야. 그러고는 백마를 타고 오는 왕자를 기다리지. 굉장히 수동적인 모습이야.

하지만 오늘날의 공주는 달라. 디즈니의 실사 영화 〈알라딘〉에 나오는 자스민 공주를 보자. 그의 아버지는 '여자는 왕이 될 수 없으니 왕자와 결혼이나 하라'고 말해. 자스민은 아버지의 말을 따르지 않고 당당하게 자신의 목소리를 내지. 자스민의 주체적인 모습을 보여 주는 노래가 바로 〈알라딘〉의 명곡 'Speechless'야. 여성이라는 이유로 차별을 하고 또한 차별을 받는 사람들에게 이 노래를 추천해.

But I won't cry. And I won't start to crumble.

(난 울지 않을 거야. 난 무너지지도 않을 거야.)

Whenever they try to shut me or cut me down

(그들이 입을 막고 쓰러뜨리려 할 때마다)

I won't be silenced. You can't keep me quiet.

(난 침묵하지 않을 거야. 날 침묵 속에 가둘 수는 없어.)

Won't tremble when you try it.

(날 침묵시키려 시도해도 난 떨지 않을 거야.)

All I know is I won't go speechless.

(내가 확신하는 건 내가 침묵하지 않을 거라는 거야.)

Paris
파리스

미남미녀가 많기로 유명한
트로이 왕족 중에서도 손꼽히는 미남.
남편이 있는 헬레네를 빼앗아서
트로이 전쟁의 빌미를 제공했다.

세 여신은
파리스의 심사를
받을 필요가 없었다

　그리스 동쪽 해안에 있는 펠리온 산에서 영웅 펠레우스
(Peleus)와 여신 테티스(Thétis)의 결혼식이 열렸어. 결혼식장엔
맛있는 음식, 흥겨운 음악, 웃음소리가 가득했고 매우 화기애
애한 분위기였어. 그 신이 등장하기 전까지는.

　펠레우스와 테티스는 결혼식을 준비하면서 누구를 초대
할지를 두고 고민했어. 결혼식을 성대하게 거행하고 싶었던 신
랑 신부는 모든 신을 초대하기로 했지. 단 한 신만 빼고. 그 신
은 바로 분쟁과 불화의 신 에리스(Eris)야. 에리스가 결혼식에
오면 싸움이 일어나서 결혼식이 엉망진창이 될까 봐 초대하지
않은 거지. 자신만 초대받지 않았다는 사실을 알게 된 에리스
는 매우 화가 났어.

　본때를 보여 주겠다고 마음먹은 에리스는 결혼식장으로
갔어. 모든 신들이 만찬장에 앉았을 무렵, 에리스는 황금 사과

하나를 식탁 위에 툭 던졌어.

그 황금 사과에는 "가장 아름다운 여신에게"라는 글이 써 있었어. 그때 헤라가 팔을 뻗어 황금 사과를 가져가려 했어.

"가장 아름다운 여신이 이 사과의 주인이니 내가 가져가 야겠군요."

그러자 아테나가 헤라의 팔을 잡아 제지했지.

"잠깐만요, 그 사과는 제 몫인 것 같은데요."

뒤이어 아프로디테까지 황금 사과를 갖겠다고 주장하면 서, 헤라–아테나–아프로디테가 삼파전을 벌였어.

세 여신은 제우스에게 황금 사과의 주인공을 가려 달라고 했지만, 제우스는 거절했어. 괜히 여신들의 싸움에 끼어들었다 가 미움을 받을 게 뻔했거든.

제우스는 직접 판단을 하지 않는 대신, 신이 아니라 인간 에게 심사를 맡기자고 제안했어. 그렇게 해서 심판관으로 선택 된 사람이 트로이의 왕자 파리스야. 파리스의 심사를 받게 된 세 여신은 파리스의 마음에 들기 위해 특별한 선물을 제시해.

가장 먼저 나선 것은 헤라야.

"나를 선택하면 지상 최고의 권력을 주겠어요."

이어서 아테나가 말했어.

"나를 선택해요. 그럼 모든 전쟁에서 승리할 수 있도록 해 주죠."

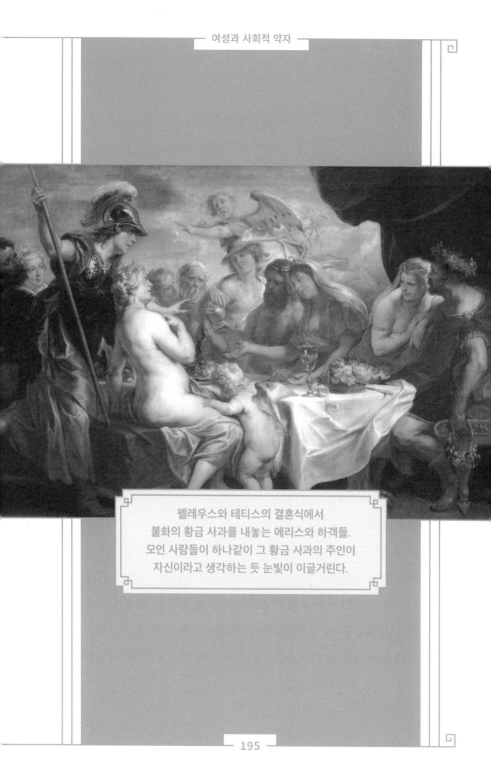

펠레우스와 테티스의 결혼식에서
불화의 황금 사과를 내놓는 에리스와 하객들.
모인 사람들이 하나같이 그 황금 사과의 주인이
자신이라고 생각하는 듯 눈빛이 이글거린다.

마지막으로 등장한 건 아프로디테였어.

"나를 선택하는 게 좋을걸요. 그러면 세상에서 가장 아름다운 여인과 결혼할 수 있을 테니."

권력, 전쟁에서의 승리, 지상 최고의 미인과의 결혼을 두고 파리스는 고심했어.

"제 선택은요…."

드디어 파리스가 입을 열었어. 결국 파리스의 선택을 받아 황금 사과의 주인공이 된 신은 아프로디테야. 권력과 승리보다 지상 최고의 미인이 더 마음에 들었던 거지.

헤라, 아테나, 아프로디테는 올림포스에서도 내로라하는 신들이야. 그런 신들이 평범한 인간인 파리스에게 특별한 선물까지 제시하며 선택을 받으려 했던 이유는 뭘까? 바로 가장 아름다운 여신이라는 칭호를 받기 위해서였어. 또한 파리스가 황금 사과의 주인공으로 아프로디테를 선택한 이유도 지상 최고의 미인과 결혼하기 위해서야. 아름답다는 건 도대체 무슨 의미인 걸까?

네이버의 인기 웹툰인 〈외모지상주의〉는 외모가 삶에 얼마나 큰 영향을 미치는지를 극명하게 보여 주는 작품이야. 고등학생인 박형석은 못생기고 뚱뚱하다는 이유로 학교 일진들에게 괴롭힘을 당해. 폭력과 왕따, 비인간적 대우에 시달리던 그는 도저히 견딜 수 없어 다른 학교로 전학을 가는데, 그곳에서 놀라운 일이 벌어져. 자고 일어나 보니 자신의 몸이 완전히 바뀌어 있는 거야. 큰 키, 근육질의 몸매, 잘생긴 얼굴을 가진 초절정 미남이 된 자신을 본 박형석은 깜짝 놀라. 그리고 그때부터 박형석의 일상은 180도로 바뀌게 되지.

외모로 평가받는 건 동물의 세계에서도 마찬가지야. 하프물범은 주로 북극에 사는 바다표범의 일종인데, 커다란 눈망울과 오밀조밀한 이목구비를 가지고 있어 많은 사람들이 좋아하는 동물이야. 그래서 환경보호 활동을 할 때 모델로 활약하는 경우가 많아. 지구 온난화 때문에 하프물범이 멸종위기에 처했다는 소식을 듣게 되는 일이 많은데 안타까운 마음이 들지. 그런데 사실 하프물범은 800만 마리 정도로 개체 수가 많은 편이라 멸종위기에 처한 동물은 아냐. 하프물범은 귀여운 외모 덕분에 다른 동물에 비해 관심과 우대를 받는 셈인 거지.

그에 반해 외모 때문에 피해를 보는 동물도 있어. 아프리카 남동쪽 인도양에 있는 섬인 마다가스카르에는 아이아이(Aye-aye) 원숭이가 살고 있어. 이 원숭이는 옆으로 늘어진 커다란 귀와 가늘고 유난히 긴 손가락, 그리고 듬성듬성 난 털을 가지고 있는데, 얼핏 보면 공포영화에 나오는 괴생명체 같기도 해. 그래서 마다가스카르섬의 주민들은 아이아이 원숭이를 사악한 존재라고 여기고 아이아이 원숭이를 보면 바로 죽인다고 해. 그래서 지금은 멸종위기종으로 지정되어 있어. 하지만 사람들의 관심을 받지는 못하고 있지.

외모로 누군가를 평가하는 행사로는 미인대회를 꼽을 수 있는데, 우리나라의 대표적인 미인대회로는 미스코리아가 있어. 과거에는 미스코리아 대회가 매우 인기가 있었어. 대회가 전국에 중계되었을 뿐만 아니라, 미스코리아로 뽑히면 유명세와 부를 함께 누리곤 했어. 그래서 얼굴이 예쁜 여자아이에게 "나중에 크면 미스코리아 해도 되겠네"라는 칭찬을 하는 어른들이 많았지. 하지만 지금은 미인대회가 예전만큼 큰 인기를 얻지 못할 뿐만 아니라 대회 자체도 줄어들거나 없어지는 추세야. 미인대회가 역사 속으로 사라지게 된 건 미인대회가 성 상품화를 조장한다는 비판에 직면했기 때문이야.

'성 상품화(性 商品化)'는 말 그대로 성(性)을 시장에서 판매하는 하나의 상품으로 취급하는 현상을 말해. 직접 성을 매매의 대상으로 삼는 것도 성 상품화이지만 광고, 영화, 드라마 등의 영상 매체에서 소비자들의 성적인 자극을 유발하여 판매를 촉진하는 것도 성 상품화의 개념에 포함돼. 미스코리아 대회에는 비키니 수영복을 입은 모습을 심사하는 과정이 있었는데, 그 수영복 심사가 성 상품화를 부추긴다는 비판이 많았어.

성 상품화가 문제인 이유는 인간을 인간 그 자체가 아닌 돈을 벌기 위한 '수단'으로 대하기 때문이야. 물건에는 각각의 쓰임새가 있어. 물건은 목적이 아니라 특정한 목적을 달성하기 위한 수단이야. 예를 들어, 자동차는 빠르게 이동하기 위한 교통수단이고 휴대폰은 소통을 위한 수단이지. 그에 반해 인간은 무언가를 얻기 위한 수단이 아니라 그 자체로 소중한 인격을 가진 '목적'이야. 독일의 철학자 임마누엘 칸트(Immanuel Kant)가 "인간을 목적으로 대하고, 결코 단순히 수단으로 대하지 않도록 하라"라고 말한 것도 이런 맥락에서야.

통계청과 여성가족부가 함께 발표한 "2021 청소년 통계"에 따르면, 13~18세 청소년의 가장 큰 고민은 공부(46.5%)이고, 그다음이 외모(12.5%)야. 청소년들이 롤모델로 삼고 있는 연예인들의 모습을 자신과 비교하면서 외모 스트레스가 더 커지는 것은 아닌가 하는 생각이 들기도 해.

막강한 권력과 힘을 가진 신인데도 불구하고 '최고의 여신'이라는 칭호를 받고 싶었던 걸 보면 헤라, 아테나, 아프로디테도 외모 스트레스가 있었던 모양이야. 하지만 세 신은 굳이 파리스의 심사를 받을 필요가 없었어. 이미 세 신은 그 자체로 충분히 훌륭해서 최고의 여신이라 부르기에 부족함이 없었거든. 또한 아름다움이라는 건 주관적인 것이라서 파리스가 판단하는 미의 기준이 절대적으로 옳은 것도 아니야.

예전에 '선풍기 아줌마'라 불리며 화제가 된 사람이 있어. 그 사람은 가수로 활동했는데, 인기 가수가 되려면 무조건 예뻐야 한다고 생각했어. 처음엔 사각 턱을 교정하기 위해 실리

콘을 주입했는데 그 뒤로 점점 성형에 깊이 빠지게 되었어. 나중에는 본인이 직접 시술을 해서 턱에 콩기름, 파라핀, 공업용 실리콘을 주입하기에 이르렀지. 계속된 성형의 부작용으로 얼굴이 심하게 부풀어 올랐고 예전보다 덜 매력적인 얼굴이 되고 말았어.

매력적인 외모를 갖고 싶은 건 자연스러운 마음이야. 하지만 외모가 전부는 아니야. "책 표지로 그 책을 판단하지 말라"(Don't Judge a Book by Its Cover)라는 영어 속담이 있듯이, 겉모습보다 중요한 건 내면이야. 외면보다 내면을 중요시한다는 건 내면보다 외면을 별것 아니라고 여기는 것을 넘어서 자기 자신 그 자체에 집중한다는 게 아닌가 싶어. 〈효리네 민박〉이라는 예능 프로그램에서 이효리 씨가 했던 말이 있는데, 꽤 인상적이어서 함께 나누고 싶어.

효리네 민박을 찾아온 한 여학생이 눈물을 흘리며 학교생활이 어렵고 낮은 자존감 때문에 힘들다고 토로했어. 이효리 씨는 "괜찮아. 울면 어때. 우는 건 좋은 거야. 안에 쌓여 있는 게 나오는 거니까"라고 그 여학생을 위로한 뒤 이렇게 말해.

"나도 그랬었어. 내가 막 꾸며져야지만 자신감이 생기고 내가 예쁘지 않으면 사람들이 날 예쁘게 봐주지 않을 것 같다는 생각. 근데 그건 내가 나를 예쁘게 안 봐서 그런 거야. 사람들이 날 예쁘게 안 보는 게 아니라."

오늘부터 외모가 아닌 내면에 조금 더 관심을 가져 보는 건 어떨까? 이효리 씨 말대로 남이 아닌 내가 나를 예쁘게 보기 시작할 때 자존감은 자연스럽게 올라갈 거야.

Pygmalion
피그말리온

현실의 여성에게 환멸을 느껴
자기 이상형을 직접 조각하고 여신의 힘으로
인간이 된 조각상과 결혼해 자식까지 둔 인물이다.

피그말리온의 그녀는
과연 행복했을까?

지중해 동쪽에 있는 키프로스 섬에 뛰어난 예술가 한 명이 살고 있었어. 그의 이름은 피그말리온. 피그말리온은 여인들을 멀리한 채 결혼은커녕 연애도 하지 않았어.

피그말리온이 연애 대신 선택한 건 조각상이었어. 현실에 존재하는 사람과의 사랑은 이루지 못할 것 같다는 생각이 들자, 스스로 이상형을 만들기로 한 거지. 우선 새하얀 상아를 구했어. 상아는 매우 귀한 재료였는데, 완벽한 존재를 만들기 위해서는 조금도 아깝다는 생각이 들지 않았어.

피그말리온은 아름다운 조각상을 만들겠다는 일념으로 밤낮으로 조각에 몰두했어. 그 결과 하얀 상아는 아름다운 여인의 모습을 한 조각상으로 변했어. 완성품을 본 피그말리온은 경탄을 금치 못했어.

"이렇게 아름다울 수가!"

피그말리온이 얼마나 정성을 다해서 만들었던지 그 조각상은 살아 있는 여성처럼 보였어. 피그말리온이 그토록 간절하게 원했던 이상형의 모습이었지. 피그말리온은 곧 그 조각상과 사랑에 빠졌어. 피그말리온에게 조각상은 단순한 예술 작품이 아니라, 사랑하는 연인이었어. 아침에 일어나면 잘 잤냐고 인사를 하고 밤에 자기 전에 잘 자라고 안부를 전했어. 수시로 조각상을 닦아서 반짝반짝 빛나게 만들었고 사랑한다는 표현도 아끼지 않았지.

"안녕, 내 사랑. 당신이 있어서 내가 얼마나 행복한지 몰라."

때로는 조각상의 입술에 입맞춤을 하기도 했으니, 얼핏 보면 보통의 연인과 다른 점이 없었어. 하지만 피그말리온의 사랑이 깊어질수록 피그말리온은 괴로움을 느꼈어. 아무리 피그말리온이 사랑을 표현하고 애정을 쏟아도 조각상은 가만히 있을 뿐이었으니까. 사실 생명이 없는 조각상이 반응하지 않는 건 당연한 일이지만, 이미 조각상을 연인으로 여기고 있던 피그말리온은 그 상황이 매우 안타깝고 슬펐어.

그러던 중 아프로디테의 축제일이 다가왔어. 피그말리온은 소중한 제물을 아프로디테의 재단에 바치고는 간절하게 기도했어.

"키프로스 섬의 수호신이자 사랑의 여신인 아프로디테

님. 제가 바라는 것은 딱 하나뿐입니다. 제발 조각상이 제 아내가 되게 해 주세요."

열띤 기도를 마친 뒤에 피그말리온은 부푼 기대를 안고 집으로 돌아왔어. 하지만 조각상은 그대로였어. 피그말리온은 실망감을 감추지 못했지.

'그럼 그렇지. 내가 뭘 기대한 걸까?'

아쉬운 마음을 달래며 여느 때처럼 조각상에 입을 맞추던 피그말리온은 깜짝 놀랐어. 입술에 닿는 촉감이 평소와 완전히 달랐거든. 딱딱한 조각 표면이 아니라 부드러운 살결이 느껴졌어.

입술만 부드러운 게 아니라 조각상이 움직이기도 했어. 피그말리온은 어찌나 놀랐던지 말문이 턱 막힐 지경이었어. 조각상은 생명을 가진 아름다운 여인으로 변신했어. 피그말리온의 간절한 기도를 듣고 아프로디테가 조각상에게 생명을 줬던 거야. 마침내 꿈에 그리던 이상형을 만난 피그말리온은 뛸 듯이 기뻤고 두 사람은 곧 결혼했어.

연애 한번 하지 않았던 한 예술가가 자신이 창조해 낸 이상적인 존재와 사랑을 이룬다는 피그말리온의 이야기는 굉장히 극적이야. 그래서일까. 피그말리온 이야기는 후대의 예술가들에게 큰 영향을 미쳤고, 미술, 소설, 영화, 오페라의 소재로 많이 활용되었지.

피그말리온은 예술 분야뿐만 아니라 심리학과 교육학에도 영향을 끼쳐서 '피그말리온 효과(Pygmalion effect)'라는 용어도 있어. 피그말리온 효과는 다른 사람의 기대나 관심으로 인하여 능률이 오르거나 결과가 좋아지는 현상을 말해("아크리시오스를 죽게 만든 것은 무엇일까?"에 나오는 호손효과와 비슷한 뜻이기도 해). 선생님에게 칭찬도 많이 받고 기대를 받는 학생이 그렇지 않은 학생보다 더 좋은 성과를 내는 게 피그말리온 효과의 대표적인 사례야.

피그말리온 이야기의 일반적인 교훈은 이런 거야.

'강한 기대와 열망을 가지고 열심히 노력하면 기적 같은 일이 일어나서 원하던 일을 이룰 수 있다.'

간절히 원하던 소망이 이뤄진다는 건 멋진 일이야. 하지만 피그말리온 이야기를 단순히 '하면 된다' 정신이 승리한 성공 신화로 보기에는 좀 꺼림칙한 면이 있어. 그건 피그말리온의 입장에서만 생각한 결과이기 때문이야. 피그말리온 이야기를 조금 다른 시선에서 살펴보려고 해.

피그말리온 이야기의 주인공은 두 명이야. 한 명은 피그말리온이고, 다른 한 명은 조각상이었던 여인이지. 조각상이 여인으로 변하자 피그말리온은 그 여인에게 갈라테이아(Galatea)란 이름을 지어 줬어. 피그말리온은 들어 봤지만 갈라테이아란 이름은 처음 들어 본 친구들이 많을 거야. 이름이 잘 알려지지 않았다는 사실에서 유추할 수 있듯이, 갈라테이아는 그동안 이 이야기에서 소외되어 있었어. 주인공이 아니라 조연이나 단역 역할을 한 거지.

조각상이 사람이 되었을 때, 피그말리온은 무척이나 행복했을 거야. 하지만 갈라테이아는 어땠을까? 갈라테이아도 피그말리온만큼 행복했을까?

누구나 행복을 꿈꾸지. 불행한 삶을 바라는 사람은 없어. 행복은 일상적으로 자주 사용하는 용어인데, 막상 그게 뭔지 설명하려면 막막해. 행복은 동서양 여러 사상가들이 관심을 가진 주제이기도 해.

아리스토텔레스는 인간의 고유한 기능인 이성을 잘 실현할 때 참된 행복을 이룰 수 있다고 했어. 에피쿠로스는 쾌락이 행복을 가져다 준다고 보았는데, 에피쿠로스가 강조한 건 육체적 쾌락이 아니라 정신적 쾌락이었어.

불교를 창시한 석가모니는 인생이 괴로운 이유는 사물에 집착하고 욕심을 부리기 때문이라고 생각했고, 그러한 집착을 떨쳐 내면 괴로움을 벗어나서 행복에 이를 수 있다고 했어. 노자는 자연스러움을 강조한 사상가인데 인위적이지 않고 마치 물의 흐름처럼 자연의 질서에 몸을 맡기며 사는 삶이 행복하다고 봤어.

행복이 무엇인지는 고대의 사상가들뿐만 아니라 현대의

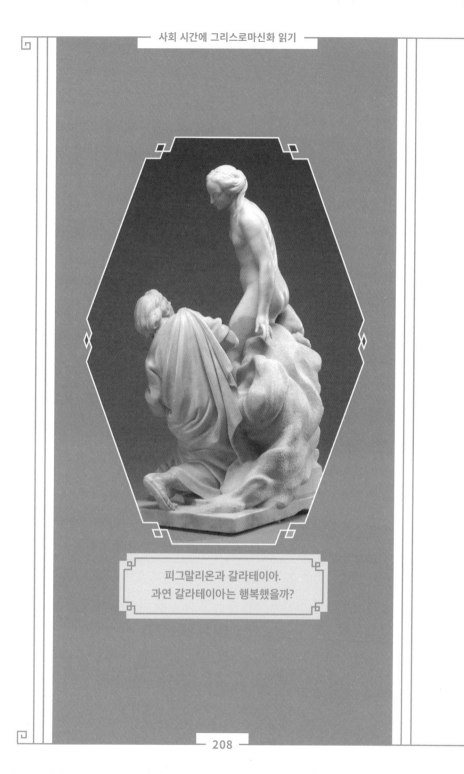

피그말리온과 갈라테이아.
과연 갈라테이아는 행복했을까?

심리학자들도 관심이 많은 주제야. 미국 심리학회장을 지낸 마틴 셀리그만(Martin Seligman)도 그중의 한 명이지. 그는 행복의 3대 조건으로 '즐거움, 몰입, 삶의 의미'를 꼽았어.

즐거움은 맛있는 음식을 먹을 때, 멋진 풍경을 볼 때 느끼는 긍정적인 감정이야. 몰입은 무언가에 푹 빠지는 거야. 좋아하는 일을 하다 보면 시간 가는 줄 모를 때가 있는데, 그건 바로 몰입을 했기 때문이야. 삶의 의미는 삶에서 소중하다고 생각하는 가치를 실현할 때 느낄 수 있어. 사람마다 삶의 의미가 다를 수 있는데 작곡가는 위대한 작품을 남기는 걸 추구하고, 운동선수는 최고의 기록을 달성하기 위해 노력해. 인도에서 한평생 아프고 가난한 사람을 돌본 테레사 수녀는 다른 사람을 위해 헌신하는 삶에서 의미를 찾은 분이야.

또한 셀리그만은 긍정적 삶을 만들기 위해서는 외부의 도움보다는 자신의 의지가 훨씬 중요하다고 강조했어. "행복은 누가 가르쳐 주거나 훈련시키는 게 아니라 스스로의 발견과 창조를 통한 자기화의 과정"이라는 게 마틴 셀리그만의 생각이었지.

다시 '갈라테이아가 행복했을까?'라는 질문으로 돌아가 보려고 해. 질문에 대한 답을 찾기 위해 마틴 셀리그만이 말한 행복의 3대 조건을 다시 생각해 보자.

먼저 즐거움이야. 갈라테이아는 즐거웠을까? 즐거움을 정의하기에 따라 여러 해석이 가능할 것 같아. 표면적인 즐거움은 어느 정도 경제력이 있거나 시간적인 여유가 있으면 느끼기 어렵지 않아. 남편인 피그말리온이 고가의 재료인 상아를, 그것도 사람 크기로 살 정도라면 꽤나 부자였을 거라는 추측을 할 수 있어. 갈라테이아 역시 그 부와 여유를 누렸을 가능성이 있지. 행복의 요소 중 즐거움은 어느 정도 충족된 셈이야.

다음은 몰입과 삶의 의미야. 갈라테이아가 몰입하는 삶을 살았는지, 그리고 삶의 의미를 쉽게 찾을 수 있었을지는 의문이야. 피그말리온은 몇 날 며칠 동안 조각 작업에만 매진할 수 있었으니 몰입을 굉장히 잘하는 사람이라고 볼 수 있어. 그리고 아름다운 여인과 평생을 함께하는 게 인생의 목표였던 피그말리온에게는 갈라테이아의 존재 자체가 삶의 의미였을 거야.

그에 반해 갈라테이아는 조각상으로 지내다 갑자기 사람이 된 경우잖아? 모든 게 낯설고 이상할 거야. 신체는 어른이지만 정신은 어린아이일 가능성도 있어. 자신이 뭘 좋아하는지, 어떤 인생을 살고 싶어 하는지 스스로 깊이 고민해 볼 시간이 전혀 없었지. 이런 상황인데도 피그말리온은 갈라테이아를 보고 좋다고 난리이니, 갈라테이아는 그 사랑이 고마우면서도 다른 한편으로는 당혹스러움과 부담감이 느껴지지 않았을까?

셀리그만이 강조한 것처럼, 행복한 삶을 살기 위해서는 주체적인 노력이 필요해. 여러 활동을 하면서 자신의 삶에 대한 깊이 있는 고민도 필요하지. 셀리그만이 다양한 경험, 깊이 있는 독서, 여행을 강조하는 이유는 이런 활동을 통해서 내가 누구인지, 나의 행복을 위해서는 무엇을 해야 하는지를 찾을 수 있기 때문이야.

조각상이 인간이 되었다고 해서 행복이 저절로 따라오는 건 아냐. 갈라테이아가 인간으로서 진정한 행복을 누리려면 자신이 어떤 사람인지를 찾는 과정을 먼저 거쳐야 할 거야. 이건 우리도 마찬가지야. 모든 행복은 '나'로부터 시작한다는 사실을 잊지 말고 나라는 존재를 들여다보고 사랑하기 시작한다면 행복을 찾는 건 그리 어렵지 않을 거야.

Hephaestos
헤파이스토스

제우스와 헤라의 아들.
금속공예, 수공업, 조각 등을 관장하며 대장간의 신으로 불린다.
아테나 여신과 함께 기술과 장인의 수호신으로 숭배된다.

헤파이스토스는
조롱받을 이유가 없다

기술과 공예의 신이자, 대장간의 신인 헤파이스토스는 제우스와 헤라 사이에서 태어났어. 신들 중에서도 가장 힘 있는 이들을 부모로 뒀으니 헤파이스토스는 아무런 걱정 없이 자랐을 것 같지만 사실은 그렇지 않아. 헤파이스토스의 고난은 태어나면서부터 시작돼.

헤파이스토스를 낳은 뒤 헤라는 아이를 보자마자 깜짝 놀랐어. 아이가 자신의 생각과 달리 너무 작고 못생겼던 거야. 거기다가 시끄럽게 울어 대니 짜증이 났어. 사실 막 태어난 아이는 못생겨 보이는 게 당연하고 아이가 우는 것도 자연스러운 건데, 헤라는 화를 참지 못하고 헤파이스토스를 올림포스 꼭대기에서 아래로 던져 버렸어. 아이는 한참 동안 추락해서 바다에 떨어졌어. 9일 동안 추락했다는 설이 있을 정도지. 하지만 아이는 죽지 않았어.

얼마 뒤, 헤라와 제우스는 헤라클레스(Heracles) 문제로 부부싸움을 벌여. 헤라클레스는 제우스가 바람을 피워서 낳은 아들인데, 헤라는 헤라클레스가 못마땅해서 다양한 방법으로 괴롭혔어. 제우스가 헤라클레스에게 너무 심하게 굴지 말라고 헤라에게 말하자, 둘 사이에 싸움이 붙었어. 그러다 불똥이 헤파이스토스에게 튀었는데, 부부싸움을 지켜보던 헤파이스토스가 어머니인 헤라의 편을 들었기 때문이야. 그게 너무 화가 났던 제우스는 헤파이스토스를 다시 바다에 던졌어. 두 번이나 바다에 떨어진 헤파이스토스는 다리에 심각한 부상을 입었고 그 뒤로 다리를 절게 돼.

헤파이스토스는 손재주가 뛰어나서 온갖 물건들을 만들었어. 제우스의 번개, 포세이돈의 삼지창, 아테나의 방패 모두 그의 작품이야. 헤파이스토스는 올림포스 12신 중 한 명이기도 해. 그리고 누구보다 성실하고 부지런했지. 하지만 헤파이스토스는 대우를 제대로 받지 못했고 놀림의 대상이 되는 일이 많았어. 헤파이스토스가 지나가면 신들은 이렇게 수군거리며 비웃었대.

"저기 절름발이 좀 봐. 제대로 걷지도 못하는 저런 자가 12신 중 한 명이라니, 참 한심한 일이야."

헤파이스토스는 미의 여신 아프로디테와 결혼했는데, 두 신의 결혼생활은 원만하지 못했어. 아프로디테는 얼굴도 못생

대장간에서 쉬고 있는 헤파이스토스.
얼굴에 삶의 고단함이 묻어난다.

긴 데다 다리에 장애가 있는 헤파이스토스가 맘에 들지 않았던 거야. 심지어 아프로디테는 전쟁의 신 아레스(Ares)와 바람을 피워서 여러 명의 자녀까지 낳았어.

아내의 불륜을 알게 된 헤파이스토스는 화가 머리끝까지 났어. 혼을 내 줘야겠다고 마음먹은 그는 손재주를 이용해서 눈에 보이지 않는 그물을 만들었어. 그러고는 아내의 침대에 설치한 뒤 집을 비웠지.

헤파이스토스가 집을 비웠다는 걸 알게 된 아프로디테와 아레스는 여느 때처럼 불륜 행각을 벌이려고 침대로 갔어. 그런데 그만 그물에 걸려서 꼼짝없이 붙잡혔지. 헤파이스토스는 모든 신들을 불러 이 광경을 구경시켜서 아프로디테와 아레스를 망신 줬어. 그런데 일부는 오히려 아프로디테를 두둔하고 헤파이스토스를 비난했어.

"남편이 헤파이스토스인데, 아프로디테가 바람을 안 피우는 게 이상한 일이지."

헤파이스토스는 다리를 전다는 이유로 여러 신들에게 조롱을 받고 무시를 당했어. 장애를 이유로 차별을 당하는 건 불합리해. 그리고 사실 장애를 가지게 된 게 헤파이스토스의 잘못은 아냐. 부모의 비상식적 행동과 학대로 다리를 다친 것이니 헤파이스토스는 피해자야. 그런데도 그는 장애를 이유로 차별을 당한 거야. 헤파이스토스처럼 차별을 받거나 부당한 대우를 받는 사람이 우리 주변에도 많이 있어.

　김준형 씨 등 시각장애인 3명은 놀이공원에 가서 롤러코스터를 타려고 했는데, 놀이공원 직원이 이들을 제지했어. 비상사태로 놀이기구가 정지했을 때 시각장애인은 대피하기 어렵다는 이유로 탑승을 금지한 거지. 탑승을 거부당한 이들은 놀이공원의 조치가 부당하다며 소송을 제기했어. 이 소식을 다룬 기사에는 장애인을 비하하는 댓글이 여러 개 달렸어.

　"이제 장애인들이 놀이기구도 타겠단다."

　"먹고 사는 걸 나라에서 해 줬더니 놀기까지 하겠다고 난리를 치네."

　장애나 장애인을 비하하는 표현은 일상에서 쉽게 접할 수 있어. 정말 안타까운 일이야. 대표적인 사례로는 '병신' '애자' '귀머거리' '벙어리' 등이 있어. 무심코 던진 돌에 개구리가 맞아 죽는다는 말이 있잖아. 아무 생각 없이 한 말이 누군가에게는 큰 상처가 될 수 있는 법이야.

　장애인은 사회적 약자야. 사회적 약자는 신체적·정치적·경제적·사회적·문화적으로 소외되어 차별을 받거나 어려움을 겪는 개인이나 집단을 말해. 장애인 외에도 저소득층, 여성, 성소수자, 외국인 노동자, 새터민 등이 사회적 약자에 속해.

　사회적 약자를 욕하거나 비웃는 걸 '혐오표현'이라고 해. 혐오표현은 인종, 민족, 성별, 장애 등 어떤 특징을 갖는 집단이나 개인에 대하여 공개적으로 비하, 협박하거나 차별을 선동하는 행위를 말해.

혐오표현은 각 개인들에게 큰 상처를 남겨. 악성 댓글에 시달리던 사람들이 스스로 목숨을 끊는 일까지 생기기도 하는데, 이걸 보면 혐오표현이 한 사람에게 얼마나 큰 고통을 주는지 알 수 있어. 또한 혐오표현은 사회적 갈등을 심화시키는 요소이기도 해.

표현의 자유가 있으니 혐오표현을 쓰는 게 무슨 문제가 되냐고 주장하는 사람도 있어. 과연 그럴까? 표현의 자유는 자신의 생각과 감정을 드러낼 수 있는 권리를 의미해. 말로 할 수도 있고 글이나 행동으로 표현할 수도 있어. 표현의 자유가 중요하다는 건 누구나 알고 있는 사실이야. 민주주의 체제는 다양한 사람들이 각자의 생각을 자유롭게 펼치고 그 과정에서 가장 올바른 방향을 찾아가는 제도이니, 표현의 자유는 민주주의를 지탱하는 기본이기도 해.

하지만 자유가 있다고 해서 그 자유를 아무런 제한 없이 행사할 수 있는 건 아냐. 사람을 때린 뒤에 "나는 내 뜻대로 움직이고 행동할 자유가 있으니 괜찮다"라고 주장하는 건 말이 안 되잖아? 모든 자유에는 넘지 말아야 선이 있고 표현의 자유도 마찬가지로 일정한 한계가 있어. 아무리 표현의 자유가 중요해도 다른 사람을 의도적으로 공격해서 고통을 가하는 혐오표현까지 허용할 수는 없어.

혐오표현에 관한 연구를 오래 해 온 홍성수 교수는 『말이 칼이 될 때』라는 책에서 혐오표현의 문제에 대해 이렇게 말해.

혐오표현이란 그런 것이다. 자신의 정체성을 송두리째 부정하는 말을 들어야 한다는 것, 그건 당사자가 아니면 쉽게 상상하기 어려운 고통이다. 이것이 과연 실체가 없는 고통일까? 개인의 특수한 고통일 뿐일까? 그런 고통 속에서 살아야 한다면, 과연 존엄하고 평등한 시민으로서의 삶을 살아간다고 할 수 있을까?

혐오표현은 그 자체로 나쁜 것이기도 하지만, 더 큰 범죄로 이어질 수 있다는 것도 큰 문제야. 사회적 약자를 이유 없이 증오하고 불특정한 상대에게 테러를 가하는 범죄를 증오범죄라고 불러. 길을 가다가 동양인이라는 이유로 주먹질을 하는 일, 여성이라는 이유로 살인하는 일이 모두 증오범죄야. 혐오표현이 많은 사회에서는 증오범죄가 발생할 확률도 커져. 다른 사람을 언어로 공격하는 게 혐오표현이고, 행동으로 공격하는 게 증오범죄이니 둘의 본질은 비슷한 거야.

증오범죄 연구자인 브라이언 레빈(Brian Levin)은 사회의 차별이 심화되는 현상을 '증오의 피라미드 5단계'라는 이름을 붙여서 설명해. 1단계는 한쪽으로 치우친 생각인 편견이야. '비

만인 사람은 게으를 것이다' 같은 게 대표적인 편견이지. 편견이 생기면 2단계인 혐오표현이 발생해. 편견과 혐오표현이 사회 전체에 만연하면 3단계인 구조적 차별이 발생하지. 혐오의 대상은 취업도 잘 되지 않고 교육 기회를 박탈당하기도 해. 이게 심해지면 4단계인 폭력행위(증오범죄)로 발전하고 마지막 5단계, 의도적이고 시스템적으로 특정 집단을 말살하는 학살이 벌어질 수도 있다는 게 브라이언 레빈의 주장이야.

자신과 성별, 피부색, 신체가 조금 다르다고 상대방을 비난하고 공격하는 사람들에게 BTS의 노래인 〈소우주〉를 들려주고 싶어.

우리 각자에게 고유한 역사가 있고 우리 모두는 하나의 별처럼 밝게 빛나는 존재라는 게 〈소우주〉의 메시지야. 모든 사람은 인간이라는 이유 하나만으로도 충분히 존중받아야 한다는 것이지. 헤파이스토스의 이야기가 다시 반복되지 않으려면 우리 자신에 대한 존중이 다른 이들에게도 똑같이 적용되어야 할 거야.

우리는 각자,
그리고 함께 빛나는 고유한 존재들이다.

5교시

좀 더 나은 사회를 위해 필요한 것들

너 때문에 흥이
다 깨져 버렸으니
책임져!

Dionysos
디오니소스

포도나무와 포도주의 신.
죽었다 다시 살아난 신으로 부활의 신이자
잔인함과 즐거움이 공존하는 도취와 쾌락의 신이기도 하다.

디오니소스는
왜 사고를 치고 다닐까?

포도주의 신 디오니소스는 제우스가 바람을 피워서 낳은 자식들 가운데 한 명이야. 제우스는 인간인 세멜레(Semele)와 사랑을 나눴고 세멜레는 임신을 했어. 이 사실을 안 헤라는 이번에도 제우스 대신 세멜레를 상대로 복수를 했고, 세멜레는 목숨을 잃고 말아. 제우스는 죽은 세멜레의 배에서 아이를 꺼내 자신의 허벅지에 넣고 꿰맸어. 디오니소스는 제우스의 허벅지에서 남은 산달을 채우고 태어났지. 어머니의 돌봄을 전혀 받지 못한 디오니소스는 요정의 손에 자랐는데, 요정도 디오니소스를 열심히 보살피지는 않았어.

이윽고 디오니소스는 성인이 되었는데, 헤라는 뒤끝이 강한 신이라 여전히 디오니소스가 못마땅했어. 그래서 디오니소스에게 역마살(驛馬煞)을 불어넣었지. 역마살은 한곳에 머무르지 못하고 이리저리 떠돌며 사는 운명을 뜻하는데, 디오니소스는 여러 곳을 방랑했어. 이집트, 시리아, 아시아 전역을 떠돌아 다녔는데 집도 없이 이곳저곳을 돌아다니는 건 매우 힘든 일이었어.

그러다 디오니소스는 실레노스라는 스승을 만나 포도주 만드는 방법을 배웠어. 포도주를 마시니 알딸딸해지면서 기분이 좋아졌고 힘든 상황을 잊을 수 있었지. 디오니소스는 그렇게 점점 술에 빠졌어.

디오니소스는 다른 사람들에게도 포도주를 권했어. 포도주 맛을 알게 된 사람들은 신세계를 알려 준 디오니소스를 신으로 숭배했어. 디오니소스 무리들은 하루 종일 잔뜩 취한 상태로 지냈는데, 그러다 보니 사고도 많이 쳤어. 다른 사람의 물건을 훔치거나 마구잡이로 폭행을 했고, 심지어는 살인을 하기도 했어.

디오니소스 무리들은 그리스 각지를 돌아다니면서 난동을 부렸는데 그러다 테바이에 머무르게 되었어. 펜테우스(Pentheus)는 테바이의 왕이었는데, 디오니소스와 그 추종자들이 술에 취해 각종 범죄를 저지르는 걸 더는 용납할 수 없었지. 신하들에게 디오니소스를 잡아들이라고 했지만 신하들은 펜테우스의 명령을 이행하지 않았어. 디오니소스 무리가 큰 세력을 이루고 있을 뿐만 아니라, 디오니소스가 잔인한 복수를 일삼는다는 것을 알고 있었기 때문이야.

이 그림에는 디오니소스의 상징이 고스란히 드러나 있다.
포도나무와 포도주의 신, 풍요의 신, 황홀경의 신.

하는 수 없이 직접 나서서 문제를 해결하기로 한 펜테우스는 디오니소스와 그 추종자들이 모여 있는 산으로 갔어. 술에 거나하게 취한 사람들로 가득 찬 그곳은 광란의 도가니였어. 기괴한 동작으로 춤을 추는 사람, 괴상한 소리를 지르는 사람, 싸우는 사람, 각양각색의 사람들이 한데 모여 있었지. 그 가운데는 역시 정신을 반쯤 놓은 디오니소스가 있었고.

펜테우스는 용감하게 디오니소스를 향해 다가갔어. 디오니소스는 펜테우스가 자신을 싫어한다는 걸 잘 알고 있었는데, 마침 펜테우스가 그곳에 나타나자 복수를 해야겠다고 생각했지. 디오니소스가 펜테우스를 가리키며 무리에게 소리쳤어.

"저기 엄청나게 큰 멧돼지가 보이네요. 저 멧돼지를 잡아서 다 같이 축제를 벌입시다!"

펜테우스는 누가 봐도 사람의 모습을 하고 있었지만, 술에 취해 이성을 상실한 사람들은 펜테우스를 진짜 멧돼지라고 생각했어. 광기에 휩싸인 사람들이 펜테우스를 향해 달려오자 펜테우스는 도망을 쳤어. 죽을힘을 다해 달렸지만 누군가가 던진 돌에 맞아 쓰러지고 말았고, 디오니소스 무리들은 잔인한 방법으로 펜테우스를 죽였어.

디오니소스는 각종 문제를 일으킨 인물이야. 이렇게 사회적인 규범을 벗어나는 행동을 일탈(逸脫)이라고 불러. 청소년이 담배를 피우거나 술을 마시는 일, 친구를 왕따시키고 괴롭히는 일, 다른 사람의 물건을 훔치는 일 등이 일탈의 예시야. 일탈은 사회학자들이 오랫동안 연구해 온 주제인데, 특히 사회학자들은 일탈적인 행동이 일어나는 이유를 궁금해했어.

미국의 사회학자인 머튼(Robert King Merton)은 아노미(anomie) 이론을 주장했어. 아노미는 행위를 규제하는 공통 가치나 도덕 기준이 없는 혼돈 상태를 뜻하는 용어인데, 머튼은 사람들이 목표를 정상적인 수단을 통해 성취할 수 없을 때 아노미가 생긴다고 봤어. 자본주의 사회에서는 돈이 매우 중요한 역할을 하는데 합법적인 방법으로 돈을 벌기 어렵다고 생각할 때 범죄를 저지르는 경우가 있지. 거액의 보험금을 노리고 가족을 살해했다는 뉴스를 접하곤 하는데, 이런 사건의 발생 원인을 아노미 이론으로 설명할 수 있어.

문화적인 측면에서 일탈을 설명하는 이론도 있어. 문화는 한 사회 안에서 일반적으로 통용되는 가치관과 행동양식을 말하는데, 한 사회 내에서 부분적인 환경의 영향을 받아서 독특한 특징을 보여 주는 작은 집단의 문화를 하위문화(下位文化)라고 해. 여성 문화, 청소년 문화, 유색인종 문화 등이 모두 하위문화이고, 힙합 가수들이 상대방을 대놓고 비난하는 소위 디스(dis) 문화도 일종의 하위문화라고 볼 수 있어.

하위문화는 주로 비주류의 문화이고, 특히 경제적인 측면에서의 하위문화는 저소득층의 문화인 경우가 많아. 저소득층은 중산층이나 고소득층이 만들어 놓은 사회규범에 불만을 품게 되고, 그런 문화를 학습한 결과로 일탈을 하게 된다는 게 하위문화론이야.

차별적 접촉 이론은 사람들 사이의 상호 작용을 중시하는 이론이야. 사람들은 알게 모르게 주변 사람들의 행동에 영향을 받는데, 범죄도 마찬가지라는 거야. 가깝게 지내는 사람 중에 잘못된 행동을 일삼는 사람이 있으면 그런 행동에 자연스럽게 물들게 된다는 게 차별적 접촉 이론의 핵심이야. 옛말에 "까마귀 노는 곳에 백로야 가지 마라"라는 말이 있는데, 주변 사람을 잘 둬야 한다는 걸 강조했다는 점에서 차별적 접촉 이론과 일맥상통해.

일탈이론으로 디오니소스의 행동을 분석해 보면 어떨까.

⚡ **아노미 이론** : "디오니소스는 제우스의 아들이니 신이 될 수도 있었지만, 헤라의 괴롭힘 때문에 그 목표를 이루는 게 쉽지 않았지. 일반적인 방법으로는 신이 되기 어려우니 술이라는 방법을 이용해서 사람들의 추앙을 받는 신이 된 거야."

⚡ **하위문화론** : "어른들의 돌봄을 제대로 받지 못한 디오니소스는 떠돌이 생활을 하면서 방랑자 문화를 자연스럽게 습득하게 되었어. 방랑자 문화를 받아들인 이들은 기존의 사회질서에 대

한 반감이 컸어. 그 문화에 영향을 받았기 때문에 디오니소스는 문제를 일으키는 행동을 많이 하게 된 거야."

⚡ **차별적 접촉 이론** : "디오니소스가 주로 어울린 사람들과의 관계에 주목할 필요가 있어. 디오니소스 주변에는 술에 취해 온갖 범죄를 저지르는 사람들이 가득했어. 주위에 있는 사람들이 온통 그런 사람들이니 디오니소스도 범죄를 저지르는 걸 당연하게 여기면서 나쁜 짓을 계속하게 된 거야."

일탈이론은 일탈이 일어나는 이유를 나름의 타당성을 가지고 설명한다는 점에서는 의의가 있지만 한계도 있어. 아노미 이론, 하위문화론, 차별적 접촉 이론 모두 일탈의 원인을 사회 구조나 주변 환경에서 찾고 있어.

인간이 환경의 영향을 받는 건 사실이야. 그런데 환경의 영향을 지나치게 강조하면 편견이 심화되는 문제가 생길 수 있어. 예를 들어 부모의 돌봄을 받지 못한 가정에서 자란 아이나 경제적으로 궁핍한 상황에 처해 있는 사람은 일탈을 저지를 가능성이 높다고 생각하는 선입견이 생기는 거지. 그런 왜곡된 시선은 사람을 차별하게 만들어.

상황이 비슷하더라도 행동의 결과는 다르게 나올 수 있어. 인간은 자신의 행동과 의사 결정을 스스로 조절하고 통제

할 수 있는 능력이자 선악에 대해 자기 스스로 판단할 수 있는 자유로운 정신인 자유의지(自由意志)를 가지고 있기 때문이지.

지하철역 안으로 지하철이 들어오고 있었고, 승객들은 지하철을 타려고 준비했지. 그런데 한 취객이 비틀비틀 승강장을 걷다가 선로에 떨어졌어. 이 상황을 모르는 지하철은 무서운 속도로 승강장으로 진입했고 지하철이 곧 취객을 덮칠 위기 상황이 발생했어. 이 모습을 본 두 사람이 선로에 뛰어들었어. 이들은 취객을 구하기 위해 안간힘을 썼지만 결국 구출해 내지 못하고 세 사람은 목숨을 잃고 말았어.

이 일은 2001년 1월 26일 일본의 지하철역인 신오쿠보역에서 실제로 일어난 사건이야. 먼저 선로에 뛰어든 사람은 일본에서 유학 중이던 26살의 이수현이고, 다른 한 명은 사진작가 세키네 시로야. 자신의 목숨까지 위태로운 상황에서 몸을 내던져 취객을 구하려 한 이수현 씨의 행동은 큰 감동을 주었고, 20년이 넘게 지난 지금도 많은 사람의 기억에 강하게 남아 있어.

이수현 씨라고 해서 겁이 나지 않았을 리 없어. 하지만 다른 사람들이 당황해서 우물쭈물하는 사이 이수현 씨가 용감하고 의로운 행동을 할 수 있었던 건 자유의지가 있었기 때문일 거야(그렇다고 선로에 뛰어들지 못한 다른 사람들을 비난할 수는 없어).

인간이 정말 자유의지를 가지고 있는지에 대해서는 철학적·과학적인 논쟁이 많아. 하지만 자유의지가 없이 정해진 대로만 행동한다고 믿는 건 인간의 가치를 너무 낮게 보는 건 아닐까. 그리고 자유의지가 없다고 본다면 개인들의 행동에 책임을 지우기도 어렵지.

인디언 우화 중에 '두 마리 늑대' 이야기가 있어. 할아버지가 손자에게 이렇게 말해.

"우리 모두의 마음속에는 두 마리 늑대가 살고 있단다. 한 마리는 악한 늑대이고, 다른 한 마리는 착한 늑대이지."

손자가 할아버지에게 두 늑대 중에 누가 이기는지를 묻자 할아버지가 대답해.

"네가 먹이를 주는 놈이 이기지."

자유의지를 믿고 조화로운 세상을 만들어 나가기 위해 각자가 마음을 다잡는다면 우리 사회는 착한 늑대가 더 많은 곳이 될 거야.

Prometheus
프로메테우스

인간에게 불을 훔쳐다 주어
인간에게는 문화를 선물한 은인이 되었으나,
제우스의 노여움을 사 코카서스의 바위에 묶여
독수리에게 간을 쪼이는 고통을 받았다.

프로메테우스의 용기가
인류를 살렸다

흔히 그리스로마신화의 신을 생각하면 제우스 신을 비롯한 올림포스의 신을 떠올리지만, 올림포스의 신 이전에도 세상을 다스리던 신들이 있었어. 이들은 거신족이라 불린 티탄(Titan) 신족인데, 매우 거대하고 막강한 종족이었어. 그런데 제우스를 중심으로 한 올림포스 신들과의 싸움에서 지면서 주도권을 놓쳤어.

프로메테우스는 티탄 신족이었지만 제우스의 편에 섰어. 전쟁이 제우스 신의 승리로 끝나자, 프로메테우스는 그 공을 인정받았고 막중한 임무를 맡게 돼. 그건 바로 인간과 동물을 창조하는 일이야. 아무리 프로메테우스가 신이라고 해도 온갖 생물을 혼자서 다 만들 수는 없었어. 그래서 동생인 에피메테우스(Epimetheus)와 일을 나누기로 했어. 형인 프로메테우스가 인간과 동물의 모양을 만들어 내면 동생인 에피메테우스는 각자에게 필요한 능력과 선물을 나눠 주기로 한 거지.

에피메테우스는 새에게는 날개, 사자에게는 날카로운 이빨과 발톱, 거북이에게는 딱딱한 등판, 기린에게는 기다란 목을 줬어. 마지막 차례가 인간이었는데, 한 가지 문제가 생겼어. 동물들에게 좋은 선물을 주고 나니 인간에게는 줄 게 거의 남아 있지 않았던 거야.

에피메테우스는 난감한 표정으로 형 프로메테우스를 찾아가서 사실대로 이야기했어. 프로메테우스는 잠깐 고민하다가 인간에게 지혜를 주기로 했어. 프로메테우스가 지혜를 준 덕분에 인간은 뛰어난 머리를 갖게 되었지만 그것만으로는 충분하지 않았어. 그 당시 인간에게 가장 필요했던 건 불이었어.

인간에 대한 애정이 남달랐던 프로메테우스는 불이 없어 힘들어하는 인간을 보는 게 매우 마음이 아팠지. 제우스를 찾아가서 인간에게 불을 주자고 했지만, 제우스는 단칼에 거절했어. 지혜를 가진 인간이 불까지 손에 넣으면 힘이 너무 막강해진다는 게 제우스의 반대 이유였어. 하지만 프로메테우스는 포기하지 않았어.

모두가 잠든 새벽, 프로메테우스는 몰래 제우스의 방으로 찾아갔어. 제우스는 코까지 골면서 깊이 잠든 상태였지. 그 옆에는 제우스를 상징하는 무기인 번개가 놓여 있었어. 프로메테우스는 나뭇가지를 손에 들고 고양이처럼 사뿐사뿐 걸어서 제

제우스에게서 불을 훔쳐 달아나는 프로메테우스.

우스에게 다가갔어. 그리고 마침내 번개를 손에 넣었지.

파지직 하는 소리와 함께 나뭇가지에 불이 붙었어. 갑작스러운 소리에 놀란 제우스가 잠에서 깼지만 이미 프로메테우스는 저 멀리 달아난 상태였어. 그렇게 불을 훔친 프로메테우스는 인간에게 불을 건네줬고, 그 뒤로 인간의 삶은 훨씬 풍요로워지고 윤택해졌어.

하지만 제우스는 자신의 명을 어기고 불을 훔쳐 간 프로메테우스를 용서할 수 없었어. 제우스는 프로메테우스를 잡아 쇠사슬로 묶은 뒤에 독수리를 보내 프로메테우스의 간을 쪼아 먹게 만들었지. 헤라클레스가 풀어 주기 전까지 프로메테우스는 무려 3000년이라는 긴 시간 동안 가혹한 고문을 당했어.

인간에게 불을 가져다 준 프로메테우스는 선각자이자 혁명적 변화를 가져온 존재를 상징하곤 해. 사실 프로메테우스라는 이름 자체가 '앞서 생각하는 자'라는 뜻이니, 이름과 성격이 꼭 들어맞는 경우야.

프로메테우스와 마찬가지로 인간의 삶에 커다란 변화를 가져온 사람이 있어. 바로 구텐베르크(Gutenberg)야. 그는 서양 최초로 금속활자를 발명했어. 사실 금속활자를 세계 최초로 만든 건 우리나라야. 국사 시간에 많이 들어 봤겠지만, 현존하는 세계 최초의 금속활자 인쇄본은 1377년에 간행된 〈직지심체요절〉이야. 구텐베르크가 금속활자 인쇄본을 만든 게 1450년이니 우리나라가 70년 이상 앞선 셈이지.

1999년 미국의 유명 잡지사인 〈라이프〉가 지난 1000년 동안 인류에게 가장 큰 영향을 끼친 100대 사건을 조사한 적이 있어. 그때 1위를 기록한 사건이 바로 구텐베르크의 금속활자 발명이었어.

금속활자의 발명이 그렇게 중요한 이유는 뭘까? 금속활자가 있기 전에 책을 만드는 방법은 베껴 쓰는 것이었어. 사람이 일일이 책의 내용을 옮겨 적다 보니 시간이 엄청 많이 걸렸을 뿐만 아니라 내용을 빠트리거나 잘못 적기도 했지. 하지만 금속활자가 만들어진 뒤에는 책을 일일이 베껴 쓸 필요가 없이, 미리 만들어 둔 활자판을 찍어 내기만 하면 됐어. 금속활자 발명 전에는 책 한 권 만드는 데 대략 2개월이 필요했는데, 금속활자 덕분에 일주일에 500권이 인쇄되었다고 하니 속도가 엄청 빨라진 거야.

책을 지식과 지혜의 보물창고라고 부르는 것에서 알 수 있듯이, 책에는 온갖 지식과 지혜가 가득해. 인쇄술이 발달하기 전에 책은 구하기도 쉽지 않고 읽기도 힘든 귀한 물건이었지만, 인쇄술이 발달하니 그만큼 책을 구해서 읽는 일이 흔해졌어. 책을 통해 지식이 널리 전파되면서 지식은 일부 계층의 전유물이 아니라 만인이 소유할 수 있게 되었어.

구텐베르크가 금속활자 발명이라는 큰일을 한 것처럼 세

종대왕은 한글 창제라는 위대한 업적을 남겼어. 훈민정음은 매우 과학적인 문자일 뿐만 아니라 문자를 확장하는 방식도 체계적이라 배우기도 쉬워. 훈민정음 창제에 관여한 학자인 정인지는 "슬기로운 사람은 하루아침 만에 깨치고, 비록 어리석은 사람이라도 열흘이면 배울 수 있다"라고 말했지. 훈민정음의 우수성은 세계적으로도 인정받고 있는데, 영국의 역사학자인 존 맨(John Man)은 "훈민정음은 모든 언어가 꿈꾸는 최고의 알파벳이다"라는 찬사를 보내기도 했어.

이처럼 뛰어난 점이 많은 훈민정음이지만, 창제 당시에는 환영을 받지 못했어. 가장 강력하게 반발한 신하로는 집현전의 실질적 책임자인 최만리가 꼽혀. 최만리는 중국의 우수한 한자를 사용하는 데 문제가 없고 한자가 아닌 다른 문자를 쓰는 건 오랑캐나 하는 짓이라고 주장하며 한글 창제에 아주 강하게 반대했어.

하지만 세종은 한글 창제를 뚝심 있게 밀어붙였어. 세종이 신하들의 반대에도 불구하고 한글을 만든 이유는 백성들을 널리 이롭게 하기 위해서인데 그 뜻이 『훈민정음』 서문에 잘 나와 있어.

국지어음(國之語音)이 이호중국(異乎中國)하야, 여문자(與文字)로 불상유통(不相流通)할쌔

(우리나라의 말소리가 중국의 것과 달라서 문자(한자)로 서로 통하지 않는다.)

백성들이 쉽게 사용할 수 있는 문자가 없으니, 관청에 억울함을 호소하기 어려웠고, 쉽게 편지를 쓸 수도 없었어. 한자를 쓰면 되는 것 아니냐고? 한글이 음성에 기반한 문자인데 반해, 한자는 뜻(의미)에 토대를 둔 문자라서 매우 복잡하고 배우기 어려워. 생계 걱정 없이 하루 종일 공부만 하면 되는 양반들은 한자를 익힐 수 있었지만, 농사일 하느라 바쁜 보통의 백성들이 한자를 배운다는 건 불가능에 가까웠어.

그런데 익히기 매우 쉬운 한글이 생겼으니 보통의 백성들도 쉽게 자신의 생각을 표현할 수 있게 된 거야. 조선의 대표적인 폭군이었던 연산군이 나랏일은 제대로 돌보지 않고 기이한 행동만을 하자 연산군을 비방하는 벽서(壁書)가 붙는 사건이 발생했는데, 그 벽서는 한글로 작성되어 있었어. 만약 한글이 창제되지 않았다면 그런 벽서도 붙기 힘들었을 거야.

〈반지의 제왕〉은 악의 군주 사우론이 세상을 지배하는 걸 막는 과정을 그린 판타지 영화야. 〈반지의 제왕〉에서 매우 중요한 역할을 하는 물건이 있는데, 바로 절대반지야. 사우론이 절대반지를 차지하기 위해 혈안이 된 건 절대반지를 끼면 절대적인 힘을 가질 수 있기 때문이야. 한마디로 절대반지는 힘의 원천인 셈이야. 힘이 있는 자는 그 힘이 나오는 원천을 공유하고 싶어 하지 않아. 그걸 혼자서만 꽉 움켜쥐고 있어야 권력을 유지할 수 있기 때문이지.

정보나 지식도 힘의 원천이 될 수 있어. 전 세계적으로 인기 있는 음료인 코카콜라는 제조 방법을 철저하게 기밀로 보호하고 있어. 맛의 비법이 공개되면 누구나 쉽게 코카콜라와 비슷한 음료를 만들 수 있기 때문이지. 각 나라가 정보기관을 운영하고 있는 것도 마찬가지야. 미국의 중앙정보국(CIA), 영국의 비밀정보부(SIS), 한국의 국가정보원(NIS)은 국가의 이익에 도움이 되는 중요한 정보를 취급하는 곳이지.

물론 개인이 힘들게 알아낸 사실이나 국가 기밀은 보호할 필요가 있어. 하지만 그런 예외적인 경우가 아니라면 가급적 정보나 지식은 널리 퍼지는 게 좋아. 그래야 더 많은 사람들이 지식을 공유하고 학문이 발달해 세상이 더 살기 좋아지기 때문이지.

제우스가 인간에게 불을 주지 않으려 했던 건 불이 있으면 인간의 힘이 강해져서 신의 권위에 도전하는 게 걱정되었기 때문일 거야. 불이 있으면 생활이 윤택해질 뿐만 아니라 각종 도구도 쉽게 만들 수 있지. 조선시대의 지배계층인 양반이 한글 창제에 반대했던 것도 마찬가지야. 양반의 권력은 지식을 독점적으로 가지고 있다는 것에서 나오는데, 일반 백성들이 쉽게 한글을 익혀서 학문을 하게 되면 자신들의 힘이 약해질까 봐 두려웠던 거야.

하지만 역사의 거대한 흐름을 막기는 어려워. 구텐베르크 가 발명한 금속활자를 통해 수많은 책이 많이 만들어지고, 한 글이라는 훌륭한 도구를 이용해서 백성들이 자신의 생각을 표 현하면서 지식과 생각은 전파되고 공유되었지. 프로메테우스 가 인간에게 불을 가져다 주었다는 신화는 소수가 독점했던 힘이 많은 사람들에게 널리 퍼져나가는 걸 상징적으로 보여 주는 이야기야.

Talos
탈로스

그리스로마신화에 등장하는 청동 거인.
크레타섬을 수호하는 역할을 하다가
마녀 메데이아에 의해 목숨을 잃었다.
메데이아는 그의 유일한 약점인 발뒤꿈치의 못을 뽑아
청동을 쏟게 하여 그를 죽였다.

청동인간 탈로스도
완벽하지는 않다

에우로페(Europe)는 페니키아의 공주였어(영국, 독일, 프랑스 등이 속한 유럽은 에우로페의 이름에서 유래한 지명이야). 해변에서 친구들과 놀고 있는 에우로페를 멀리서 눈여겨보는 신이 한 명 있었어. 그는 미인이라면 사족을 못 쓰는 제우스야.

제우스는 에우로페가 경계심을 갖지 않도록 황소로 변신했어. 황소는 천천히 그녀에게 접근했고 에우로페 앞에 주저앉았어. 마치 등에 올라타라는 듯이. 에우로페는 순간 호기심이 생겨서 황소의 등에 올라탔지. 이때다 싶었던 황소는 전속력으로 달렸어. 에우로페는 내리고 싶었지만 황소가 워낙 빨라 그럴 수 없었어.

황소는 크레타섬까지 내달렸어. 섬에 도착해서야 걸음을 멈춘 제우스는 본래의 모습으로 돌아왔지. 황소가 제우스였다는 걸 안 에우로페는 깜짝 놀라서 바닥에 엎드렸어. 제우스는 에우로페를 안심시켰어.

"너무 놀라지 마시오. 알고 보면 나도 그렇게 무서운 신은 아니라오."

제우스는 한동안 크레타섬에서 에우로페와 함께 살았고 둘 사이에는 아들이 태어났어. '한동안'이라는 단어에서 눈치 챘겠지만 제우스는 크레타섬에 계속 있을 수 없었어. 행실이 좋지 못했지만 어쨌든 올림포스의 으뜸가는 신이었으니 해야 할 일이 많았거든.

크레타섬을 떠나기는 해야 하는데, 에우로페를 혼자 놔두고 가기에는 미안함이 컸던 제우스는 에우로페를 위한 특별한 장치를 마련해 둬야겠다고 생각했어. 그래서 대장간의 신 헤파이스토스를 불러서 말했어.

"에우로페를 지킬 수 있는 기계를 만들어 주시오."

만능 재주꾼인 헤파이스토스는 손재주가 뛰어나서 금방 물건을 만들어 내곤 했는데, 이번엔 제우스가 특별히 부탁한 것이라 평소보다 훨씬 더 공을 들였어. 헤파이스토스가 심혈을 기울여 만든 역작이 바로 탈로스야.

탈로스는 매우 특이한 존재야. 탈로스는 청동으로 만들어졌는데, 신도 아니고 인간도 아니야. 생명이 없는 탈로스는 기계에 가깝지만 그렇다고 기계는 아니야. 기계는 인간이 작동을 시켜야 움직이지만 탈로스는 알아서 움직였거든.

황소로 변한 제우스 등에 탄 에우로페.

탈로스는 크레타섬의 입구를 지켰어. 침입자가 섬에 접근하면 탈로스는 커다란 바위를 던져서 상륙하는 걸 막았지. 운 좋게 바위를 피해서 섬에 상륙했다고 하더라도 탈로스에게는 계획이 있었어. 뭍으로 올라온 침략자가 있으면 탈로스는 청동으로 된 몸을 불로 빨갛게 달군 뒤 두 팔로 침입자를 끌어안았어. 탈로스가 껴안은 사람은 불에 타죽었지.

탈로스에게도 약점은 있었어. 탈로스의 발뒤꿈치에는 못이 박혀 있었는데 그 못을 뽑으면 탈로스의 몸에 있는 청동이 흘러나와서 죽게 되어 있었지.

탈로스는 크레타섬을 지키는 역할을 잘 수행했는데 그게 가능했던 건 탈로스에게 지능이 있었기 때문이야. 다양한 공격 상황을 파악해서 적절하게 대응하는 탈로스의 능력은 오늘날의 인공지능과 비슷해.

2016년 3월 9일은 전 세계가 주목하는 대결이 펼쳐진 날이야. 대결의 주인공은 구글 딥마인드가 개발한 인공지능 바둑 프로그램인 알파고와 이세돌 9단이었지.

경기가 시작되기 전에는, 이세돌 9단이 이길 거라고 생각한 사람들이 훨씬 많았어. 이세돌 9단은 바둑의 신이라 불릴 정도로 뛰어났고, 바둑의 세계가 워낙 심오해서 아무리 인공지능이라고 해도 바둑 최강자를 이기기는 어려울 것이라는 예상이 주류였어.

하지만 결과는 완전히 달랐지. 알파고가 4:1로 승리하자 많은 사람들은 충격을 받았어. 인공지능은 그전부터 있었지만 알파고와 이세돌 9단의 바둑 경기로 인해 세계인들은 인공지능의 시대가 도래했다는 사실을 제대로 체감할 수가 있었어.

각 기업들은 인공지능을 사업에 활용하는 방법에 대해 본격적으로 연구하기 시작했고 정부는 인공지능 분야에 대한 지원을 늘리겠다는 계획을 발표했지. 인공지능 전문가에 대한 수요가 높아졌고 코딩 열풍이 불 정도였어.

인공지능이 발전하면 어떤 세상이 펼쳐질까? 인공지능을 꿈의 기술이라고 생각하는 사람들이 그리는 미래의 생활은 이런 모습이야.

아침이 되면 알람 소리와 함께 자동으로 커튼이 열려서 잠을 깨워. 부엌으로 가면 냉장고 화면에 냉장고에 남아 있는 음식과 영양을 고려한 오늘의 추천 메뉴가 표시돼. 집을 나서기 전에는 인공지능 비서가 오늘의 날씨를 알려 주고 어떤 옷을 입으면 좋을지 추천해 줘. 차량에는 자율주행 기능이 포함되어 있어서 운전대를 잡을 필요가 없어. 가게에서 물건을 살 때는 안면인식 기술을 이용해서 결제를 할 수 있으니 굳이 카드나 현금을 가지고 다닐 필요도 없어. 어느 정도는 이미 실행되고 있는 일들이기도 해.

인공지능은 우리의 생활을 매우 편리하게 만들어 줄 거야.

하지만 인공지능이 장밋빛 미래만 보장하는 건 아니야. 대표적으로 일자리 문제를 들 수 있어. 인공지능이 사람들이 하는 일을 대체해서 일자리가 많이 줄어들 것이라는 예측이 많아.

예전에는 카페나 식당에 가면 직원에게 직접 말로 주문을 했어. 하지만 요즘엔 카페나 식당 입구에 키오스크라는 주문용 기계가 설치되어 있는 걸 쉽게 볼 수 있어. 주문을 받던 직원의 일을 기계가 대체한 것인데 인공지능이 발달하면 이런 일이 더욱 빈번하게 일어날 거야. 가게 주인 입장에서는 인건비가 줄어 이익일 수 있지만, 그 가게에서 일하던 직원은 일자리가 없어지는 셈이지.

인공지능 시대가 되면 현대판 러다이트 운동(Luddite Movement)이 일어날 것이라는 우려도 있어. 러다이트 운동은 18세기 말에서 19세기 초에 걸쳐 영국의 공장지대에서 일어난 집단적인 움직임을 말하는데, 이 운동을 주도한 사람이 '러드'라는 가명을 써서 러다이트 운동이라는 이름이 붙었어.

당시 영국은 산업혁명이 한창 진행되고 있었어. 산업혁명 이전에는 직접 사람이 물건을 만들어야 했어. 하지만 기술이 고도로 발달하는 산업혁명을 거치면서 공장에 기계가 하나둘씩 늘어났고 공장에서 일하던 노동자들이 대거 해고됐어. 경제 상황이 나빠져서 실업자는 증가하는데 물가는 계속 올랐지. 노동자들의 삶은 점점 곤궁해졌어. 노동자들은 이 모든 문제가 기계 때문이라고 생각했어. 그래서 공장으로 달려가 기계를 파괴했는데, 이게 바로 러다이트 운동이야. 현대에도 사람과 인공지능 간에 이런 일들이 벌어질 가능성이 있진 않을까?

인공지능 시대를 준비하면서 윤리 문제도 놓치지 말아야 할 부분이야. 2021년 초반에 어느 IT 업체는 인공지능 대화 서비스인 '이루다'를 출시했어. 이 서비스를 이용하면 자유롭게 대화를 나눌 수 있었는데, 대화를 하는 상대방이 사람이 아니라 인공지능이라는 게 특징이야. 인공지능과 이야기를 한다는 게 신기해서 이 서비스의 이용자가 대거 증가했지. 하지만 이루다 서비스는 곧 논란을 겪었어.

이루다가 한 말 중에 소수자와 사회적 약자에 대한 혐오 발언이 있었기 때문이야. '흑인을 어떻게 생각하느냐'는 질문에 이루다는 "흑인은 오바마(버락 오바마 전 미국 대통령)급 아니면 싫어"라고 대답했고, 성소수자에 대한 의견을 묻자 "생각해 본 적 없지만 별로 안 좋아해"라고 말했어. 성범죄 피해 사실을 밝히며 성범죄의 심각성을 알리는 미투(MeToo) 운동에 대해서는 "절대 싫어. 미치지 않고서야"라고 답하기도 했어. 이루다의 반인권적 발언에 대한 비판이 높아지자 개발 회사는 결국 서비스를 접을 수밖에 없었지.

이루다 사건은 인공지능이 인간과 때려야 뗄 수 없는 관계라는 사실을 보여 줘. 인공지능은 무(無에)서 유(有)를 창조하는 것이 아니라 기존에 있던 데이터를 학습한 뒤에 결과물을 만들어 내거든. 이루다가 한 말은 결국 많은 사람들이 한 말들을 배운 뒤에 나온 거지.

흔히 '아이는 어른의 거울'이라는 말을 하는데, 그건 아이들이 어른들의 행동을 보고 배워서 행동하기 때문이야. 이루다도 마찬가지야. 이루다가 사회적 약자에 대한 혐오 발언을 한 이유는 그런 발언을 하는 사람들이 실제로 많이 있고 그런 태도를 학습했기 때문이야. 결국 인공지능은 인간의 모습을 닮을 수밖에 없어.

헤파이스토스가 심혈을 기울여 만든 탈로스는 그리스로마신화에 등장하는 인공지능이라고 할 수 있어. 탈로스는 지능이 있었기 때문에 에우로페가 있는 섬을 지키는 역할을 충실하게 수행했지만, 탈로스에게도 발뒤꿈치의 못이라는 약점이 있었어. 최고의 기술을 가진 헤파이스토스가 만든 탈로스가 완벽하지 않았듯이, 인간이 만든 인공지능도 완전무결하지는 않을 거야. 기본적으로 인공지능은 사람을 모방한 기계인데 사람이 완벽하지 않기 때문이지.

좋든 싫든 인공지능 기술이 활용되는 범위는 점점 넓어질 것이고 그만큼 인공지능이 우리 일상에 미치는 영향도 더욱 커질 거야. 인공지능에 관한 여러 문제 중에서 특히 윤리적인 측면을 강조하고 싶어.

인공지능의 쓰임새가 많아질수록 인공지능이 독자적으로 결정하는 사례가 많아질 거야. 그런데 인공지능의 판단이 과연 올바른지 고민해 볼 필요가 있어.

예컨대, 인공지능 판사가 생겼다고 가정해 보자. 인공지능 판사는 피고인이 유죄인지 무죄인지를 가리고 유죄일 경우에는 어떤 형벌을 내릴지도 결정해. 그런데 앞서 '이루다' 사례에서 본 것처럼, 인공지능 판사가 소수자와 사회적 약자에 대한 편견과 혐오가 심하다면(편견과 혐오의 데이터를 임의로 수집해 학습한다면) 그 판결은 공정하지 않을 가능성이 매우 높아. 다른 사람들에 비해 소수자와 사회적 약자에게 유죄 판결을 많이 선고하거나 강한 처벌을 할 수 있기 때문이야.

인공지능 시대의 도래라는 거대한 흐름을 피할 수 없다면 현명하게 대비하는 게 중요해. 인공지능 때문에 생길 문제를 최소화하고 우리 모두에게 도움이 되는 인공지능을 만들어 나가려는 노력이 필요한 이유야.

Priamos
프리아모스

트로이의 마지막 왕으로
헥토르, 파리스, 카산드라, 폴릭세네 등의 아버지이다.
많은 자식들을 두고 부귀영화를 누렸으나
트로이 전쟁으로 대부분의 자식들을 잃는다.

헥토르의 아버지 프리아모스는 어떻게 용서를 받았을까?

아프로디테는 파리스의 선택을 받아 여신대회에서 우승을 차지했어. 이제 아프로디테가 파리스에게 가장 아름다운 여인과 결혼할 수 있게 해 주겠다고 한 약속을 지켜야 할 때가 되었어. 아프로디테가 말한 가장 아름다운 여인은 헬레네(Helene)야. 파리스는 헬레네가 있는 스파르타로 갔어. 사랑의 여신인 아프로디테가 적극적으로 나선 덕분에 파리스는 쉽게 헬레네의 마음을 얻었고, 헬레네의 손을 잡고 고향인 트로이로 돌아왔지. 문제는 헬레네가 그리스의 도시국가인 스파르타 왕의 부인이었다는 점이야. 파리스가 자신의 아내를 유혹해서 트로이로 갔다는 사실을 알게 된 스파르타의 왕은 크게 격분했어. 도저히 참을 수 없었던 그는 군대를 이끌고 트로이로 진격해. 이렇게 그리스(스파르타)와 트로이의 전쟁이 시작되었는데, 이 전쟁은 10년 동안 치열하게 지속되었어.

트로이 전쟁에는 숱한 영웅들이 참가했는데 그중에서 가장 유명한 인물은 아킬레우스(Achilleus)야. 아킬레우스는 바다의 여신과 인간 사이에서 태어났어. 아킬레우스의 어머니는 아킬레우스가 다치지 않고 건강하게 지내길 바라는 마음에 아킬레우스를 데리고 저승 세계의 강인 스틱스 강을 찾아갔어. 스틱스 강에 몸을 담그면 무적이 되어 부상을 입지 않기 때문이지. 스틱스 강에 몸을 담근 아킬레우스는 무적의 몸이 되었지만 약점이 한 군데 있긴 했어. 바로 발꿈치인데, 그건 아킬레우스의 어머니가 아킬레우스를 강에 담글 때 아킬레우스의 발꿈치를 잡아서 발꿈치에는 강물이 닿지 않았기 때문이야(오늘날 치명적인 약점을 '아킬레스건'이라고 하는데, 아킬레우스로부터 유래한 말이야).

어릴 때부터 무예를 익힌 아킬레우스는 트로이 전쟁이 일어나자 그리스군에 입대했고 그리스의 승리를 위해 여러 전투에 참가했지. 한편 아킬레우스의 절친인 파트로클로스(Patroclus)도 아킬레우스와 함께 전쟁에 참가했는데, 그는 매우 용감한 군인이었지만 트로이군의 장군인 헥토르(Hector)와의 싸움에서 목숨을 잃고 말아. 파트로클로스의 사망 소식을 접한 아킬레우스는 크게 충격을 받아 아무것도 먹지 못할 지경이었어. 아킬레우스에게 파트로클로스는 단순한 친구 사이가 아니었기 때문이야. 어린 시절부터 모든 걸 함께한 두 사람은 형제와 마찬가지였어.

아킬레우스는 친구의 복수를 하기 위해 이를 악물고 전쟁에 다시 참가했고 전장에서 헥토르를 만났어. 아킬레우스는 헥토르에게 돌진했고 둘의 결투가 벌어졌지. 그리스와 트로이를 대표하는 두 용사의 싸움은 한참 동안 계속되었어. 헥토르도 뛰어난 군인이었지만 아킬레우스를 당해 낼 수는 없었어. 아킬레우스는 친구의 원수를 갚겠다는 일념으로 젖먹던 힘까지 끌어모아 헥토르에게 칼을 휘둘렀고 헥토르는 그 칼에 맞아 사망했어.

헥토르가 사망하자 헥토르의 아버지 프리아모스는 밤잠을 이루지 못했어. 사랑하는 아들이 죽었을 뿐만 아니라 시신이 없어 장례도 치르지 못했지. 가만히 있어서는 안 되겠다고 생각한 헥토르의 아버지는 아킬레우스를 찾아갔어. 전쟁 중에 적진을 찾아간다는 건 자살 행위나 다름없는 일이지만 헥토르의 아버지는 아랑곳하지 않았어. 아킬레우스를 만난 그는 아킬레우스의 발에 엎드려 눈물로 호소했어.

"제 아들이 당신의 친구인 파트로클로스를 죽인 것에 대해 제가 아들을 대신해서 이렇게 용서를 구하니 부디 너그러운 마음으로 용서하여 주시길 바랍니다. 그리고 노여움을 푸시고 제 아들의 시신을 돌려주시길 간청드립니다."

아킬레우스에게 헥토르는 철천지원수였어. 헥토르라는

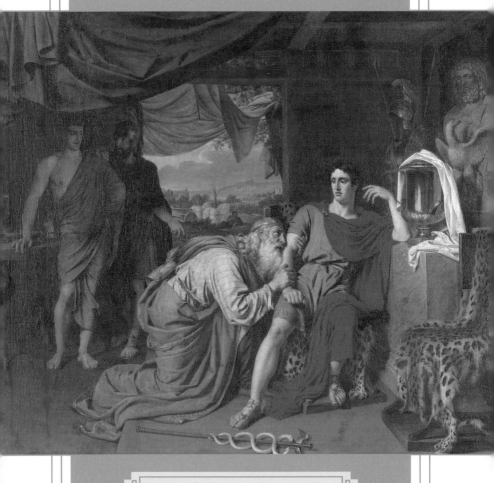

아킬레우스에게 간청하는 프리아모스.

이름만 들어도 이가 갈릴 정도로 미움이 컸던 아킬레우스였지만 헥토르 아버지의 진심 어린 호소에 감명을 받았어. 아킬레우스는 순순히 헥토르의 시신을 돌려주었어.

아킬레우스의 이야기를 '용서'라는 관점에서 접근해 보려고 해. 길을 가고 있는데 모르는 사람이 갑자기 시비를 걸더니 주먹으로 폭행한다면 어떨까? 성경에는 "누가 네 오른쪽 뺨을 때리면 왼쪽 뺨마저 돌려 대어라"라는 말씀이 있지만 이걸 실제로 행동으로 옮기기는 매우 어려워. 그보다는 주먹을 휘두른 사람에게 반격을 가하는 게 일반적인 반응이야.

"눈에는 눈, 이에는 이"라는 말 들어 봤지? 이건 인류의 가장 오래된 법전 중의 하나인 함무라비 법전에 나와 있는 표현인데, 받은 만큼 되돌려준다는 뜻이야. 영화 〈테이큰〉에도 비슷한 대사가 나와. 〈테이큰〉은 외국으로 여행을 간 딸이 납치를 당하자 전직 특수부대 출신인 아버지가 딸을 납치한 범죄자를 찾아서 복수하는 내용인데, 아버지는 납치범에게 이렇게 말하지.

"I'll find you, and I'll kill you(너를 반드시 찾아서 죽여 버리겠어)."

함무라비 법전의 글귀나 테이큰의 대사에서 알 수 있는 것처럼 피해를 본 만큼 복수를 하고 싶은 마음은 인간의 본성이야. 하지만 모두가 복수를 한다면 어떻게 될까? 복수를 당한 사람은 또다시 되갚으려고 할 것이고 그러면 복수는 끊이지 않을 거야. 사회는 싸움이 끊이지 않는 혼란스러운 상태가 될 거고.

미국의 인권 운동가 마틴 루터 킹(Martin Luther King) 목사는 용서의 중요성을 강조하기 위해 이런 말을 했다고 해.

"That old law about 'an eye for an eye' leaves everyone blind"('눈에는 눈' 방식을 고집한다면 세상에는 앞을 보지 못하는 사람만 남게 될 것이다).

용서를 주제로 한 영화로는 〈밀양〉이 있어. 주인공인 이신애는 새로운 인생을 살기 위해 남편의 고향인 밀양으로 향해. 피아노 학원을 차려서 부지런히 돈도 모으고 잘 살아 보려고 노력하는 중에 청천벽력 같은 일이 일어나. 아들이 납치당해 살해당한 거지.

이신애는 세상에서 가장 사랑하는 사람을 잃고 큰 충격을 받아. 시간이 어느 정도 지나 종교의 힘으로 마음의 상처를 치유한 그녀는 살인범을 용서해야겠다는 아주 큰 결심을 하고 살인범이 수감된 교도소로 찾아가. 겨우 용기를 내어 살인범을 마주했는데 살인범은 조금의 죄책감도 없이 너무나 평온한 마음 상태를 유지하고 있었어. 살인범이 그토록 아무렇지 않을 수 있었던 건 이미 자신이 신에게 용서를 받았다고 생각했기 때문이야. 이신애는 또 한 번 크게 상처를 받고 이렇게 절규해.

"그 사람은 이미 용서를 받았대요. 근데 내가 어떻게 다시 그 사람을 용서하냐고요!"

〈밀양〉은 피해자가 용서를 하지 않았는데도 가해자가 스스로를 용서하고 편안하게 지내는 부조리한 현실을 꼬집고 있어. 이 영화를 통해 알 수 있는 건 가해자가 마음대로 스스로를 용서할 수 있는 것이 아니라 피해자가 가해자를 용서해야 진정한 용서가 성립된다는 거야.

용서는 피해자의 의무가 아니라 권리야. 피해자가 가해자를 용서를 하는 건 숭고한 일이지만, 그렇다고 용서를 하라고 강요할 수는 없다는 말이야. 그리고 피해자가 용서를 하기 위해서는 먼저 가해자가 진지하게 반성해야 해.

제2차 세계대전을 일으켜서 수많은 사람의 목숨을 앗아간 독일은 지금까지 꾸준하게 반성하고 있어. 독일의 최고 지도자가 유대인 학살이 대규모로 일어났던 나치의 아우슈비츠 강제수용소를 찾아가서 희생자들을 추모하는 건 일상적인 일이야. 교과서에도 과거의 잘못을 자세하게 기록해서 절대 전쟁이 일어나서는 안 된다는 점을 철저하게 교육하기도 하지.

일본도 독일처럼 전쟁을 일으킨 전범국이지만, 전쟁을 대하는 태도는 완전히 달라. 사과는커녕 오히려 식민지배가 조선의 발전에 도움을 주었다는 식의 궤변을 늘어놓기도 해. 총리를 비롯한 유력 정치인들은 수시로 야스쿠니 신사를 단체로 찾아가는데, 그곳은 전쟁을 일으키는 데 주도적인 역할을 한 전쟁 범죄자들의 영혼을 기리는 장소야. 일본의 침략이 정당하다고 주장하는 내용이 교과서에도 버젓이 실린다고 하니 참으로 안타까운 일이야.

일본이 일으킨 전쟁과 식민지배로 가장 큰 피해를 본 사람들로 위안부 할머니들을 꼽을 수 있어. 일본은 우리나라 여성들을 강제로 끌고 가서 일본 군인들을 위한 성노예로 만들었어. 위안부 피해자들은 1992년 1월부터 일본 대사관 앞에 모여서 일제의 만행을 폭로하는 한편 일본 정부의 진지한 사과를 촉구하는 집회를 매주 수요일에 열고 있어(수요일에 열려서 '수요집회'라고 불려).

수요집회가 30여 년간 지속되고 있지만 일본 정부는 여전히 이 문제에 대해서 침묵하며 '이미 다 지난 일을 더 이상 끄집어내지 말라'는 식의 태도를 보이고 있지. 오히려 위안부 피해를 알리기 위한 상징물인 평화의 소녀상을 철거하려고 갖은 노력을 다하고 있어. 일본의 태도는 피해자의 용서를 받기도 전에 스스로를 용서해 버린 〈밀양〉 속 살인범의 행동과 비슷한 점이 있어.

아킬레우스의 이야기로 다시 돌아가 볼까. 아킬레우스가 원수로 여기던 헥토르를 용서하고 그의 시신을 내어 준 것은 헥토르의 아버지가 진심으로 사과했기 때문이야. 헥토르의 아버지가 뻣뻣한 자세를 유지했다면 절대 아킬레우스의 용서를 받지 못했을 거야.

결국 일본을 비롯한 여러 가해자들이 꼭 명심해야 할 점은 "피해자의 숭고한 용서가 있으려면 가해자의 진지한 반성이 먼저 있어야 한다"는 사실이야.

Cassandra
카산드라

아폴론에게 예언의 능력을 받았지만
그의 사랑을 거절한 대가로 누구도 예언을 듣지 않는
벌을 받은 불행했던 예언자.
목마를 성안으로 들여 놓아서는 안 된다는
그녀의 절규에 귀를 기울이지 않은 트로이는 결국 멸망한다.

카산드라의 경고는
지금도 유효하다

그리스(스파르타)와 트로이는 10년이 넘는 기간 동안 치열하게 전쟁을 벌였지만 승자가 정해지지 않았어. 트로이 성의 방어력이 워낙 뛰어나서 아무리 공격을 해도 함락이 되지 않았거든.

해결책을 고심하던 그리스군의 오디세우스는 무릎을 탁 쳤어.

"그래, 이 방법이면 되겠어."

오디세우스는 건축가를 시켜서 대형 목마를 만든 뒤 목마 바깥에 이런 글을 새겨 두었어.

"그리스인이 이것을 아테나 신에게 바치나니 부디 고국으로 무사히 돌아갈 수 있기를 바랍니다."

그러고는 목마를 트로이 성 앞에 세워 두고 그리스 군대는 철수했지.

트로이 사람들은 환호성을 질렀어. 지긋지긋한 전쟁이 끝났을 뿐만 아니라 어려운 전쟁에서 승리했다고 생각했거든. 트로이 사람에게 말은 신성한 동물로 여겨졌는데, 그리스가 퇴각하면서 커다란 목마까지 선물로 바쳤으니 완전한 승리라는 생각이 들었어. 신이 난 트로이 사람들은 노래까지 부르면서 목마를 성안으로 옮겼어. 목마가 워낙 컸던 까닭에 성문을 통과하기 어려워 성의 일부를 무너뜨리기까지 했어.

목마라는 전리품까지 챙긴 트로이 사람들은 승리를 축하하는 잔치를 열었어. 잔치가 한창 무르익고 사람들이 술에 취해 비틀거릴 무렵, 트로이 사람들을 깜짝 놀라게 하는 사건이 발생해. 어디선가 군인들의 함성이 들렸던 거지. 이게 무슨 일인가 싶어서 주위를 살펴봤더니 그리스 군인들이 성안에 가득한 거야.

이미 퇴각한 그리스 군인들이 어떻게 트로이 성안에 있는 건지, 귀신이 곡할 노릇이었어. 비밀은 목마에 있었어. 사실 그리스군은 철수하는 시늉을 하면서 목마 안에 군인들을 매복시켜 두었다가, 밤이 되자 그 목마에서 나온 거였어(그래서 '트로이의 목마'는 위장해서 상대를 공격하는 방법을 의미하는 상징으로 많이 사용돼). 트로이 성은 그렇게 함락되었어.

트로이 성을 함락하는 데 결정적 기여를 한 건 목마였는데, 트로이 사람들이 목마를 성안으로 옮길 때 이걸 반대한 사

오디세우스는 대형 목마를 만들도록 지시했고
목마는 단 며칠 만에 만들어졌다.
그리고 용감한 사람들을 뽑아 말 안에 숨겼다.

람이 있었어. 바로 카산드라야. 앞에 등장했던 프리아모스의 딸이기도 하지.

"이 목마를 성안으로 들이면 트로이는 멸망하고 말 겁니다."

하지만 사람들은 그녀의 말을 믿지 않았는데, 그건 그녀에게 저주가 내려졌기 때문이야. 카산드라에게 푹 빠진 아폴론은 예언의 능력으로 카산드라의 마음을 얻으려고 하지만 카산드라는 예언의 능력만 받고 아폴론의 사랑은 거부해. 화가 난 아폴론은 사람들이 카산드라의 예언을 믿지 못하도록 저주를 내렸어.

만약 트로이 사람들이 카산드라의 경고를 들었다면 전쟁은 어떻게 되었을까? 트로이가 그렇게 하루아침에 무너지지는 않았을 거야. 어쩌면 전쟁에서 승리했을지도 모르지. 사실 카산드라는 한 번만 경고를 한 게 아니었어. 트로이 목마 사건이 발생하기 전에 여러 차례 경고했지만, 사람들은 그녀의 말을 무시했지.

과학기술이 발달하고 경제가 발전하면서 현대 사회는 과거와 비교할 수 없을 정도로 풍요로워졌지만 현대 사회에도 문제가 없는 건 아니야. 독일의 사회학자 울리히 벡(Ulrich Beck)은 현대 산업 사회의 특징을 위험사회라고 정의했어.

위험사회는 말 그대로 위험이 사회의 중심 현상이 되는

사회를 의미해. 인류 역사상 위험이 없었던 적은 없지만, 울리히 벡은 현대의 위험이 과거의 위험과는 다른 점이 있다고 봤어. 과거의 위험은 주로 자연재해나 전쟁 등에서 비롯된 불가피한 위험이었으나, 현대 사회의 위험은 정치·경제·사회 등의 다양한 요소가 결합되어 나타나는 인위적인 위험이라는 거야. 기술이 발전할수록 점점 더 안전해질 것 같지만, 오히려 안전이 더 위협받는 사회가 된다는 게 그의 주장이야.

안전에 관한 유명한 법칙으로 하인리히의 법칙을 들 수 있는데, 하인리히의 법칙은 그 법칙을 발견한 사람의 이름을 딴 거야. 하인리히(Heinrich)는 1920년대에 미국의 한 보험회사에서 일했는데, 약 7만 5,000건의 산업재해를 분석한 결과 흥미로운 법칙 하나를 발견했어. 1:29:300 법칙이라는 것인데, 그는 1번의 큰 산업재해가 발생했다면 그전에 같은 원인으로 29번의 작은 재해가 발생했고, 잠재적 징후가 되는 사건이 300번 있었을 것이라는 사실을 밝혀냈어. 다시 말해, 어느 날 갑자기 큰 사고가 일어난 게 아니라 그전에 작은 사고들이 여러 번 있었고 그 사고들이 쌓인 결과로 큰 사고가 일어난다는 의미야.

하인리히의 법칙이 적용되는 일은 일상생활에서도 쉽게 발견할 수 있어. 엄마에게 등짝 스매싱을 당한 사건을 예로 들어 볼까. 아무 이유 없이 갑자기 등짝을 때리는 엄마는 없어. 그

불행했던 예언자 카산드라.
트로이의 불길한 미래를 본 듯
눈빛이 흔들린다.

전에 미리 충분히 경고를 하지. 그만 자고 일어나라, 게임 좀 그만해라, 일찍 집에 들어와라 등등. 엄마는 죽어라 잔소리를 하지만 자녀들은 죽어라 그 말을 안 듣잖아. 늦잠 자고 게임하고 집에는 한밤중에나 들어오고. 여러 가지 불만들이 쌓이다가 등짝 스매싱으로 폭발을 하는 거지.

하인리히 법칙은 사소한 것이 큰 사고를 야기한다는 사실을 보여 줘. 그러니 어떤 문제가 발견되면 그 문제가 사소해 보이더라도 빨리 해결하는 게 중요해. 처음에는 호미로 막을 수 있었던 일인데, 놔두면 나중에는 가래(흙을 파헤치는 꽤 큰 농기구)로도 못 막게 되거든. 카산드라의 경고를 무시해서 트로이가 함락된 것처럼.

여러 사람의 목숨을 앗아 가는 대형사고는 얼핏 보면 한순간에 발생한 것 같지만 자세히 살펴보면 그렇지 않아. 대형사고가 생기기 전에 이상징후들이 여러 번 있었다는 걸 알 수 있어. 세월호 사건도 마찬가지야.

2014년 4월 16일, 인천에서 제주로 향하던 여객선 세월호가 진도 인근 해상에서 침몰하면서 승객 304명이 사망하는 참사가 발생해. 세월호 참사가 발생한 정확한 원인이 무엇인지에 대해서는 아직도 규명 작업이 이뤄지고 있지만, 세월호 참사가 발생하기 전에 여러 번의 경고가 있었다는 점은 분명해.

세월호 승무원들에 따르면 세월호는 사고 발생 2주 전에 조타기 전원 접속에 이상이 있었어. 조타기는 자동차의 핸들과 비슷한 장치로 선박의 방향을 바꾸는 역할을 하는데 선박 운행에 아주 중요한 장치야. 거기에 문제가 있었다는 건 배에 치명적인 결함이 있다는 뜻이지.

그리고 세월호 참사가 일어나기 몇 달 전에는 배가 복원력을 잃고 휘청거리는 모습까지 보인 적이 있었어. 그뿐만이 아니야. 수평을 잡아 주는 장치, 침수를 막아 주는 장치, 레이더 등 거의 모든 부속 장치에서 크고 작은 문제가 있었다는 게 밝혀졌어. 하지만 세월호를 운영하는 회사는 그런 문제들에 신경 쓰지 않았어.

선박 자체의 문제 외에 다른 문제도 있었어. 식품에 유통기한이 있는 것처럼 선박도 운행할 수 있는 기한(사용기한)이 정해져 있어. 원래 선박의 사용기한은 최대 20년이었는데, 그게 30년으로 늘어났지. 세월호는 수입할 당시인 2012년에 이미 18년이 지난 선박이었으니 만약 사용기한을 늘리지 않았다면 세월호는 운행을 하지 못했을 것이고 사고도 막을 수 있었을 거야.

깨진 유리창 이론(Broken window theory)도 하인리히의 법칙과 일맥상통하는 면이 있어. 깨진 유리창 이론은 미국의 범죄학자 제임스 윌슨(James Wilson)과 조지 켈링(George Kelling)이 주장한 이론인데, 두 사람은 이 이론을 주장하기 전에 한 가지 실험을 해. 자동차 두 대를 준비한 뒤, 자동차 한 대는 유리창을 깨 놓고 다른 한 대는 깨지 않은 상태로 일주일 동안 방치해 두었어. 일주일 뒤에 무슨 일이 생겼을까?

유리창이 깨지지 않은 자동차는 처음 상태 그대로를 유지했어. 하지만 유리창이 깨진 자동차는 심하게 망가졌고 차의 부품이 없어지기도 했어. 유리창이 조금 깨졌을 뿐인데, 사람들은 유리창이 깨진 걸 보고 '이 차는 함부로 다뤄도 된다'라고 생각했던 거지. 깨진 유리창 이론은 자동차의 깨진 유리창과 같은 사소한 무질서를 방치해 두면 더 큰 범죄가 발생하고 사회 전체가 무질서 상태가 될 수 있다는 교훈을 알려 줘.

카산드라가 트로이의 목마에 대해 경고한 것처럼 지금도 여러 징후들을 보고 위험을 경고하는 목소리가 분명히 있어. 하지만 '별일 없을 거야'라는 안일한 태도로 경고를 무시하거나 예산이 부족하다는 이유로 안전을 위한 장치를 마련해 두지 않아 일어나는 안타까운 일들이 너무나 많아. 위기를 경고하는 목소리에 주의를 기울이고 사고를 막기 위한 노력을 적극적으로 한다면 안타까운 사고를 상당히 줄일 수 있을 거야.

이제 다시 판도라의 상자를 열 때

　세상은 혼돈스럽고 사회는 문제투성이입니다. 코로나19 바이러스로 전 세계의 수많은 사람들이 목숨을 잃었고, 참혹한 전쟁도 끊이지 않습니다. 환경은 점점 파괴되어 기후위기가 일상이 되었고, 경제는 늘 어렵습니다. 범죄자들의 악행을 다루는 뉴스는 차고 넘칩니다. 문제를 해결하는 게 정치의 역할이지만 정치인들은 문제를 더 키우는 사람처럼 보이기도 합니다.

　세상은 왜 이렇게 엉망일까요? 그리스로마신화에서는 판도라 때문이라고 설명합니다.

　프로메테우스가 제우스의 불을 훔쳐서 인간에게 건네자 제우스는 격노했고 인간에게 벌을 내리기로 마음먹었습니다. 제우스는 재주가 뛰어난 헤파이스토스를 시켜 '판도라'(Pandora)라는 여성을 만든 뒤에 프로메테우스의 동생 에피메테우스에게 보냈습니다. 프로메테우스는 제우스가 복수할 것을 예측하고 제우스가 보낸 건 뭐든 받지 말라고 말했지만, 에피메테우스는 판도라의 미모에 반해 판도라를 반갑게 맞이했고 둘은 부부가 되었습니다.

제우스가 판도라를 보낸 건 에피메테우스에게 좋은 배우자를 찾아 주기 위해서가 아니었습니다. 제우스는 판도라에게 상자를 하나 보냈는데, 그 상자에는 질병, 분노, 질투, 전쟁, 미움, 혐오, 욕심 같은 온갖 나쁜 것들이 다 들어 있었습니다. 호기심이 왕성했던 판도라는 그 상자를 열었고 인간을 불행하게 만드는 온갖 악이 세상에 퍼지고 말았습니다. 오늘날 판도라의 상자가 '모든 악의 근원' '알면 위험해지는 비밀' 등의 의미로 쓰이는 건 이런 이유입니다.

판도라의 상자 이야기는 기본적으로 비극이지만, 완전한 비극으로 끝나지는 않습니다.

상자 속에 있던 악이 세상에 퍼지는 걸 알게 된 판도라는 깜짝 놀라서 상자를 급히 닫았습니다. 상자에는 유일하게 한 가지가 남았는데, 바로 '희망'입니다.

그런데 판도라의 상자 이야기를 들을 때마다 드는 의문이 있었습니다.

'왜 판도라는 상자를 닫아서 희망을 상자 안에 넣어 두었을까?'

일반적으로 "희망이 남아 있다"라는 말을 자주 사용하니,

희망은 상자 안에 들어 있어야 할 것 같기는 합니다. 하지만 가만히 생각해 보면 좀 이상합니다. 온갖 악이 세상에 퍼졌듯이 희망이 세상에 가득 차게 만들려면 상자의 문을 닫을 게 아니라, 상자의 문을 활짝 열어야 하는 것 아닐까요?

희망이 상자 안에 있든 바깥에 있든 존재한다는 게 중요하다고 생각할 수도 있습니다. 맞는 말입니다. 하지만 판도라의 상자 이야기에 제가 의문을 제기하는 까닭은, 단순히 꼬투리를 잡기 위해서가 아니라 희망의 속성을 이야기하고 싶기 때문입니다.

좋지 않은 것들은 가만히 있어도 쉽게 얻을 수 있지만, 좋은 것들은 노력을 해야 얻을 수 있습니다. 질병은 가만히 있어도 걸리지만 건강을 유지하려면 꾸준한 운동과 관리가 필요합니다.

희망이란 것도 마찬가지입니다. 희망은 적극적으로 노력해야 발견할 수 있습니다. 어쩌면 희망을 발견하는 일은 보물찾기 놀이와 비슷한지도 모릅니다. 바위 밑, 나무둥치, 수풀을 열심히 파헤쳐야 보물을 찾을 수 있듯이, 희망도 애써 노력해야 만날 수 있기 때문이죠.

어느 시인은 "희망은 희망이 있다고 믿는 능력의 산물"이라고 말했습니다. 사실 눈을 크게 뜨고 보면 희망은 어렵지 않게 발견할 수 있습니다. 전쟁 때문에 삶의 터전을 빼앗기고 고국을 떠나야 하는 난민들을 향해 자신의 집을 내어 주는 사람, 평생 어렵게 모은 돈을 복지단체에 선뜻 기부하는 사람, 전혀 모르는 사람을 구하기 위해 불길 속으로 뛰어드는 사람 등 우리 주변에는 일상의 영웅들이 존재합니다.

우리도 판도라의 상자 문을 활짝 열어서 그 안에 갇혀 있는 희망을 꺼내어 보는 건 어떨까요? 그 행동이 우리 사회를 좀 더 살기 좋은 곳으로 만드는 단초가 되리라 믿습니다.

참고 자료

『사람을 움직이는 100가지 심리법칙』, 정성훈, 케이앤제이

『처음 읽는 서양 철학사』, 안광복, 어크로스

베이컨 『신기관』(해제), 박은진, 서울대학교 철학사상연구소

『세계사 개념사전』, 공미라 등, (주)북이십일 아울북

『경제학사전』, 박은태, 경연사

『비상학습백과 중학교 과학 ①』 비상교육

『말이 칼이 될 때』, 홍성수, 어크로스

『청소년을 위한 사회학 에세이』, 구정화, 해냄

『발명과 혁신으로 읽는 하루 10분 세계사』, 송성수, 생각의 힘

『시장의 흐름이 보이는 경제 법칙』, 김민주, 위즈덤하우스

스토킹 신고 급증…경찰, 스마트워치 6천여 대 추가 보급 추진, 연합뉴스

'신뢰' 잃으면 사회적 비용 발생…정직해야 돈 아끼죠, 매일경제

두려움 자극하라, 그러면 팔린다…메르스때 마스크처럼, 중앙일보

"계층 이동 사다리가 열려 있는, 희망 있는 사회를 위해", 한겨레

올림픽은 과연 어떠한 역경에도 불구하고 계속되어야 하는가, 경향신문

MZ세대, 통한의 은메달은 없다, 경향신문

결혼·출산 포기하는 젊은이들… 5월 혼인·출생 역대 최저치, 한국일보

도덕적으로 완벽한 대통령은 어떻게 탄생하는가?, 프레시안

美 스타벅스, 신세계에 지분 매각에도 高수익, IT조선

"갖고 싶다"…스타벅스 굿즈에 숨겨진 전략, 워치뉴스

하위계층의 명품 소비는 과시용인가 모방인가, 세계일보

조지 애컬로프 '정보비대칭'이 낳는 부작용 설명, 매일경제

시험관 아기, 농촌여성신문

아인슈타인의 후회, 문화일보

"하프 물범이 생태계 교란종이라구요?", 헤럴드 경제

요다 닮은 원숭이, 안타까운 사연 "어떡해!", 이투데이

중고생 4명 중 1명 우울감…가장 큰 고민은 '공부', 뉴시스

당신은 행복하십니까? 긍정심리학이란?, 대한변협신문

세계 최초 금속활자본 '직지' 인류에게 지식혁명을 안겼다, 세계일보

세계 최상 알파벳…지구촌 증언들, 뉴시스

男 100만 원 벌 때 女 62만 원 임금격차 더 벌어졌다, 동아일보

스포츠로 번진 미중 갈등…올림픽의 정치학, KBS

"장애인이 무슨 애를 키워…" 장애 혐오의 갖가지 사례, 오마이뉴스

"소녀상에 침 뱉은 범 인은 혼혈"이란 거짓말들, 어떻게 할까?, 프레시안

여성·인종·소수자 차별 민낯 보여준 챗봇 '이루다'…성희롱 논란이 'AI 윤리'
문제로 확산, 경향신문

반성에 시효 없다…아우슈비츠 간 메르켈은 달랐다, 경향신문

혁신, 인공지능과 일자리, 경향신문

입시정보 비대칭, 경향비즈

닭 모이서 힌트 얻은 비타민 선구자, 사이언스타임즈

행복의 5가지 조건, PERMA를 훈련하라, 위클리비즈

기타

사회적 자본, 두산백과(http://www.doopedia.co.kr)

한국민족문화대백과(http://encykorea.aks.ac.kr)

전태일, 두산백과(http://www.doopedia.co.kr)

냉전, 두산백과(http://www.doopedia.co.kr)

러다이트운동, 두산백과(http://www.doopedia.co.kr)

하인리히 법칙, 두산백과(http://www.doopedia.co.kr)

인물세계사, 박종대, 네이버캐스트

정글경제의 원리, 장경덕, 네이버캐스트

인물세계사, 박중서, 네이버캐스트